世界に通じる危機対応

ISO 22320:2011
(JIS Q 22320:2013)

社会セキュリティ—緊急事態管理
—危機対応に関する要求事項　解説

編集委員長　林　春男
危機対応標準化研究会　編著

日本規格協会

危機対応標準化研究会

委員長	林　　春男	京都大学防災研究所
委　員	荒井富美雄	京王電鉄株式会社
	黄野　吉博	一般社団法人レジリエンス協会
	新藤　　淳	損保ジャパン日本興亜リスクマネジメント株式会社
	田代　邦幸	株式会社インターリスク総研
	前田　裕二	NTTセキュアプラットフォーム研究所
	槇本　純夫	損保ジャパン日本興亜リスクマネジメント株式会社
	三島　和子	セコムIS研究所

(敬称略，委員五十音順，所属は発刊時点)

は じ め に

　東日本大震災を契機にして，社会の安全安心をどう確保するかに改めて関心が集まっている．21世紀は"リスク社会"であるといわれる．今世紀前半には南海トラフ地震の発生が確実視され，首都直下地震の発生も危惧されている．どちらも東日本大震災をはるかにしのぐ大規模な被害が予想されている．それ以外にも，新興感染症，原発事故，さらにテロなど，世界では様々な原因で危機が続発している．

　これまで我が国の危機管理は，特に災害対策では，被害の発生を予防することを中心とした対策が重視されてきた．もちろん被害を予防できるに越したことはない．しかし，近年の世界の現状は予防対策だけでは不十分であり，被害の発生を前提として，それに対処する仕組みをあわせて整備する必要性を強く示している．

　様々な種類のリスクに対して，できるだけ被害を出さないように努めるものの，たとえ被害が出たとしてもそこから立ち直る力をもつことが大切なのである．この力を事業継続能力あるいは"レジリエンス"という．予防力の向上には通常長い時間と膨大な経費を必要とするので，レジリエンスの向上には被害の発生を前提として，効果的な危機対応を可能にする能力を高めることが有効な手段となる．

　効果的な危機対応の実現のために最低限考慮すべき事柄として，指揮・統制のあり方，危機対応に用いる活動情報処理のあり方，部局間・組織間の協力及び連携のあり方，についてまとめたものが本書で紹介する国際規格ISO 22320 "社会セキュリティ―緊急事態管理―危機対応に関する要求事項"である．この規格では，事業継続マネジメントを扱うISO 22301の関連規格として発行され，あらゆる種類の組織があらゆる種類の危機に対してどのように危機対応を進めるべきかの，いわば"How"について規定している．危機対応において何をすべきかの"What"は，直面する危機の種類によって異なるの

で，対応する組織でそれぞれ考えるべきであるとしている．

本書は実際に危機対応にあたる組織の危機管理担当者が，ISO 22320を活用して自らの危機対応能力を向上させることを目的としている．そのため規格そのものを解説した第2章を中心にして，以下の4章を設けた．

第1章"危機対応に本当の専門家はいない"では，危機対応がもつ四つの特徴，すなわち，①危機対応とは曖昧な状況で，時間的余裕もなく，世間の評価が厳しい中，組織がこの事態を乗り切るために膨大な仕事をこなす事態であること，②危機対応には真の意味での専門家がいないこと，③危機対応は多くの人々の協力があってはじめて可能になる事態であること，そして④危機対応は危機管理の一部であること，を紹介している．

第2章"ISO 22320の解説"は本書の中心であり，効果的な危機対応を実現するためのツールとして，①組織・部局内の指揮統制プロセス，②活動情報処理，③組織間の協力及び連携のあり方，の三つについて規格の内容を紹介している．

第3章"規格は使わなければ意味がない"では，危機対応を組織の事業継続能力（＝危機管理能力）の一環として位置付け，組織の事業継続マネジメントシステムについて規定しているISO 22301と連携して，ISO 22320を利用する際に考慮すべき点をPDCAサイクルに即して紹介している．

第4章"ISO 22320を現場に活かすには"では，ISO 22320を含むISO 223xxファミリー規格を紹介する（4.2節）とともに，東日本大震災に際して発生した東京電力福島第一原子力発電所の事故発生から最初の5日間の危機対応を公開記録も基にISO 22320の観点から評価し（4.1節），現実の危機対応のもつ難しさを検証している．

世界の先進国では，どのような種類の危機が発生しても対応可能であり，対応にかかわるすべての組織に共通する一元的な危機対応体制が採用されている．先進国の中では我が国だけが例外である．その原因に，従来の個別的な対処方法でもこれまで様々な種類や規模の危機を乗り越えてきたという成功体験があり，改める必要性が見いだせないことがある．しかし，今後予想される大

規模災害を考えると，危機対応の標準化はレジリエンスの向上には不可欠であると考えられる．

　本書は危機対応の標準化の推進を目指す"レジリエンス協会"のメンバーのうち，それを実現するツールとして ISO 22320 を高く評価する有志で執筆している．ISO 22320 についての読者の皆様の理解と実践に本書が少しでも役立てば，執筆者一同にとってこれにまさる喜びはない．

　2014 年 3 月

執筆者を代表して　林　　春　男

目　　次

はじめに

第 1 章　危機対応に本当の専門家はいない　　　　　　（林）

　1.1　危機対応とは何か …………………………………………… 13
　1.2　危機対応の特徴 ……………………………………………… 13
　1.3　危機対応に本当の専門家はいない ………………………… 15
　1.4　災害対応は一人ではできない ……………………………… 18
　1.5　危機管理と危機対応はどう違うか ………………………… 22
　1.6　ISO 22320 とは ……………………………………………… 28
　1.7　まとめ ………………………………………………………… 33

第 2 章　ISO 22320 の解説

　4．指揮・統制に関する要求事項 ………………（田代）……… 41
　　4.1　一　般 ……………………………………………………… 41
　　4.2　指揮・統制システム ……………………………………… 43
　　　4.2.1　一　般 ………………………………………………… 43
　　　4.2.2　役割及び責務 ………………………………………… 45
　　　4.2.3　指揮・統制体制 ……………………………………… 46
　　　4.2.4　危機レベルへの対応 ………………………………… 49
　　　4.2.5　指揮・統制プロセス ………………………………… 51
　　　4.2.6　意思決定 ……………………………………………… 54
　　　4.2.7　指揮・統制の資源 …………………………………… 55
　　4.3　人的要因 …………………………………………………… 57

5. 活動情報に関する要求事項 ……………………………(前田)……… 62
　5.1　一　般 ……………………………………………………………… 62
　5.2　活動情報提供プロセス ……………………………………………… 64
　　　5.2.1　一　般 ………………………………………………………… 64
　　　5.2.2　計画策定及び指示 …………………………………………… 66
　　　5.2.3　情報収集 ……………………………………………………… 67
　　　5.2.4　情報の処理及び利用 ………………………………………… 68
　　　5.2.5　情報の分析及び作成 ………………………………………… 71
　　　5.2.6　情報の発信及び統合 ………………………………………… 72
　　　5.2.7　評価及びフィードバック …………………………………… 73
　5.3　活動情報提供プロセスの評価基準 ………………………………… 74
　5.4　活動情報提供プロセスの評価基準（附属書 B） …………………… 75
　　　5.4.1　一　般（B.1） ………………………………………………… 75
　　　5.4.2　品　質（B.2） ………………………………………………… 75
　　　5.4.3　全体的な見通し（B.3） ……………………………………… 78
　　　5.4.4　計画活動の同期（B.4） ……………………………………… 79
　　　5.4.5　完全性（B.5） ………………………………………………… 80
　　　5.4.6　連携及び協力（B.6） ………………………………………… 80
　　　5.4.7　優先順位付け（B.7） ………………………………………… 81
　　　5.4.8　予　測（B.8） ………………………………………………… 82
　　　5.4.9　即応性（B.9） ………………………………………………… 83
　　　5.4.10　協　働（B.10） ……………………………………………… 83
　　　5.4.11　融　合（B.11） ……………………………………………… 84

6. 協力及び連携に関する要求事項 ……………………(荒井, 新藤, 槇本)……… 85
　6.1　一　般 ……………………………………………………………… 85
　6.2　協　力 ……………………………………………………………… 89
　6.3　連　携 ……………………………………………………………… 91
　　　6.3.1　一　般 ………………………………………………………… 91
　　　6.3.2　連携プロセス ………………………………………………… 95
　　　6.3.3　連携の目的 …………………………………………………… 98
　6.4　情報共有 …………………………………………………………… 99
　6.5　人的要因 ………………………………………………………… 103

第 3 章　規格は使わなければ意味がない　　　　　　(林)

- 3.1　危機管理の一環としての危機対応 …………………………… 109
- 3.2　危機管理計画の立案（P） ……………………………………… 110
  - 3.2.1　リスクの評価 ……………………………………………… 110
  - 3.2.2　対応戦略の構築 …………………………………………… 111
  - 3.2.3　リスク対応策の選定 ……………………………………… 112
  - 3.2.4　危機対応策の選定：マネジメント計画の立案 ………… 114
  - 3.2.5　危機対応策の選定：オペレーション計画 ……………… 117
  - 3.2.6　危機管理計画の文書化 …………………………………… 119
- 3.3　教育訓練（D） ………………………………………………… 121
- 3.4　危機対応計画の振り返りと評価（C） ……………………… 126
- 3.5　改　善（A） …………………………………………………… 127
- 3.6　ISO 22320 の導入にあたって ………………………………… 128

第 4 章　ISO 22320 を現場に活かすには

- 4.1　ISO 22320 を使って福島第一原子力発電所事故を読み解く
   ……(三島)……… 135
- 4.2　ISO 223xx ファミリーの中の ISO 22320 の位置付け　(黄野)…… 151
  - 4.2.1　組織間の理解 ……………………………………………… 157
  - 4.2.2　警報システムと色コードによる警報 …………………… 157
  - 4.2.3　緊急事態管理能力評価の指針 …………………………… 159
  - 4.2.4　情報交換用のメッセージ構造 …………………………… 159
  - 4.2.5　ISO 223xx ファミリー規格が目指すもの ……………… 160
- 4.3　おわりに ………………………………………(三島)……… 162

付録　ISO 規格開発手順 …………………………………………… 167
引用・参考文献 …………………………………………………… 169
索　引 ……………………………………………………………… 171

> **コラム**
>
> ISO 22320 解説書執筆によせて ……………………………… 35
> どのような危機事象に備えるべきか？ …………………… 105
> 危機対応と ICT システム …………………………………… 131
> 危機対応に欠かせない資源管理 …………………………… 165
> 新宿駅西口地域における地域連携による災害対応 ……… 166

第1章

危機対応に本当の専門家はいない

ISO 22320
Societal security — Emergency management — Requirements for incident response

1.1 危機対応とは何か

あなたが組織の危機対応担当者であると仮定して，次のような場面を想像していただきたい．強い台風が接近している．激しい雨が，長時間降り続いている．各地に警報が出されたことがテレビや携帯電話で頻繁に伝えられている．何らかの被害の発生は確実のように思える．このような状況で，あなたは危機対応の担当者としてどうすればよいのだろうか．

普段はやらない仕事であり，初めて直面する事態である．事態は切迫していて，重大な責任があることだけは直感するものの，具体的に何をすべきなのか，何をすべきでないのか，よくわからない．こうした状況がいつまで続くのかも皆目見当がつかない．組織がどこまでサポートしてくれるかも不明である．危機対応にあたって，次々と疑問が浮かび，不安ばかりが募る．こんな状況になったとき，何をどうするべきかを教えてくれるものはないのか，自分が"拠って立つべきところ"を示してくれるものはないかと思う．

危機対応の当事者の気持ちを代弁すると，上記のようにまとめられるのではないだろうか．一言でいえば，危機対応とは誰もが"自分は専門ではない"と感じながら，戸惑いつつ対応する状況である．危機対応に対して多くの人がもつ以下の四つの不安や疑問に答えることが本章の目的である．

① 危機対応はどのような特徴をもつ業務なのか
② 危機対応の専門家はいるのか
③ 危機対応は一人でできるのか
④ 危機管理と危機対応はどう違うのか

1.2 危機対応の特徴

危機対応といっても，スーパーマンのような活躍が求められているわけではない．組織にとっては，危機対応もあくまで組織の事業継続のためにとるべき業務の一つなのである．しかし，そこでなされる業務は平常時とは異なるもの

であることが多い．ここでは，危機対応業務を平常時の業務と比較して，その四つの特徴を考える．

第1の特徴：危機対応は平常時に比べて曖昧な状況での意思決定を迫られる

　平常業務と危機対応業務の一番の違いは，"事態の不確実性"である．状況が時々刻々変化し，この先どうなるか不透明であることが危機の特徴である．先ほどの大雨の例でいえば，被害が出るのか出ないのか，どこまで大きな被害になるかは，渦中の当事者にはなかなかわからないものである．もちろん過去の事例を基に予測することは可能であり，予測を基に行動せざるを得ないが，それがあたっているかどうかも，かなり後にならないと判明しないことが多い．そのため，危機対応業務では平常時の業務とは比べものにならないほどの高い不確定性の中での対応を迫られることになる．

第2の特徴：危機対応では平常時に比べてはるかに仕事量が増える

　危機対応時に仕事量が増える理由は，危機が通常の仕事を中断してでも迅速に対応すべき事態だからである．対応せずに放置すれば，組織にとって望ましからざる結果につながるので，即座の対応が求められる．しかし，組織の存続にとって重要な業務をむやみに中断させることはできない．したがって，危機対応業務は通常の重要業務の継続に付加される新たな業務であり，両者をあわせれば，危機対応の際には当然業務量が通常よりも多くならざるを得ない．

第3の特徴：危機対応は平常時に比べて時間的余裕がない

　時間的な余裕のなさは，状況の流動性と関係している．平常時の業務は安定した状況の中で行われ，組織として対応するのに十分なもち時間が与えられていることが多い．一方，危機対応時には状況が時々刻々変化するため，即断即決の意思決定が求められる．そのため，組織として対応を協議する時間的な余裕もなく，現場担当者が個々人で迅速に意思決定することが求められる場面も多くなる．当然，担当者が緊張を強いられる事態である．

第4の特徴：危機対応は平常時に比べて世間の評価が厳しい

　危機対応すべき事態を生む原因は，自然災害，事故，テロに大別される．

"Act of God"と称され，誰にも責任がないはずの自然災害でも，被災者の不満は被災自治体に集中する．いわんや事故やテロの場合には，それを引き起こした当事者に対する社会的評価は当然厳しくなる．危機対応に従事する者はこうした社会からの評価の厳しさを十分踏まえて対応にあたる必要がある．

以上をまとめると，危機対応とは，曖昧な状況で，時間的余裕もなく，世間の評価が厳しい中，組織がこの事態を乗り切るために膨大な仕事をこなす事態である．危機対応の教訓として，"空振りを恐れずに行動しろ"とよくいわれる．しかし，そうすることは現実にはなかなか難しい．大きな被害や損失が出るような危機において，何も対応できなければ社会から組織全体が厳しく糾弾される．こうした事態の発生を避けることは極めて大切であり，結果として空振りを恐れるなという教訓となる．しかし，実際に大きな被害や損失が出る確率は低い．むしろ，空振りになる確率の方が高い．そのときは，危機担当者が組織内の信用を失うことになるのである．危機対応にあたる心構えとして"空振りを恐れない"は大事なポイントではあるが，危機対応の担当者としては"空振りをしない"だけの能力をもつことが大切である．そのためには，組織が本来やるべきことを明確にし，危機によってどのような対応が求められるかを明らかにし，その実現に向けて必要となる活動を"ヌケ・モレ・オチ"なく実施することである．その際の手助けとなるのが，本書で解説するISO 22320:2011（JIS Q 22320:2013）"社会セキュリティ―緊急事態管理―危機対応に関する要求事項（Society security—Emergency management—Requirements for incident response）"である．

1.3　危機対応に本当の専門家はいない

危機は発生頻度が低い．したがって危機対応を経験した人も少ない．ある自治体の危機対応担当者は"我が市はこれまで災害を経験したことがない．もし起こったら，計画はあるが，実際に何をすべきかよくわからない"，"災害が起

きるとどのような事態になるのか想像もつかない"とコメントしている．このことは危機対応にとって重大かつ深刻な問題である．危機が実際に発生した場合，過去に危機対応を経験した人が組織にほとんどいない状況が起こり得るのである．

　経験は人間の学びにとって最大の教師である．人間が学ぶことの70％は経験を通じて学ぶといわれている．学びの基本は，繰り返し経験することである．繰り返し経験することで，そのたびに繰り返し発生する共通要素と，危機ごとに固有な要素を明らかにするのである．いい換えれば，経験のないことについてどうしてよいかわからないことが多いのは当然である．

　一般に，危機を経験した組織の構成員に聞くと，7割ほどの人が"初めて体験することで何をしてよいかわからなかった"と答える．2割ほどの人は"頭ではわかっていても体が動かなかった"と答えるという．つまり，十分な対応能力をもっていると自覚する人は組織の1割にすぎないと推定されている．このことは，危機対応が基本的に危機を経験したことのない"素人"が集団で行う活動と考えるべきであることを示している．

　皆が素人ということは，危機が起きたときに，どのように対応をすべきかを誰もが"一から考え始める"ことを意味している．こうした事態を英語では"Reinvention of wheel（車輪の再発明）"と呼んでいる．既に存在しているものを，改めて作り出す無駄の喩えで，どのように危機対応をすべきかについての定石が存在するものの，それを誰も知らずに苦労する状況を指している．

　その結果，危機対応に三つの問題が派生する．第1の問題は，"何をするべきかを決めるまでに時間を要する"ため，時間が空費されることであり，特に最も貴重な初動期の対応に遅れが出ることになる．第2の問題は，"やるべきと決まったことができない"ことである．やるべきことが明確になったとしても，それが必ず実現できるとは限らない．これまで経験したことがないことは，往々にして失敗する．そのため思ったとおりに事態が進まない，やりたいと思うことができない状況が発生してしまうのである．そして第3の問題は，"やるべきと決めたことが人によって異なる"ことである．組織全体として見

1.3 危機対応に本当の専門家はいない

ると，各人が考えていることがばらばらであり，結果として"まだらな"対応が発生することになる．以上三つの問題点をまとめると，経験のない人々が対応にあたる危機対応では，対応が遅く，選択肢が限られた，しかも各人がばらばらな質の低い対応となる危険性が高いのである．

一方，危機的事態を実際に経験した人にも問題がある．危機の発生は頻度が低いため，危機対応の経験は一度きりの経験となることが多い．しかし，それだけに経験者は自分が経験したことに絶対的自信をもってしまう危険性がある．例えば，1946年に発生した南海地震の津波を経験した古老は"ここまで津波が来る，ここまでしか津波は来ない"と断言する．歴史的に見ると，このときの南海地震の際の津波は，1707年の宝永南海地震や1854年の安政の南海地震の津波に比べて小さかったことが知られており，昭和の南海地震を経験した古老の教えが次の南海地震の津波にあてはまらない危険性があることを示唆している．しかし古老の確信は変わらないのである．この例は限られた経験を極端に一般化することの問題点と，それを補うものとしての科学的知見の大切さを指摘している．

経験の少なさがもたらす問題にどう対処すべきなのだろうか．どの経験にも，その後も繰り返し起きる共通部分と，そのときだけの固有の部分が含まれる．学ぶべきは，次の場合にも再現される共通部分とそのイベント固有の部分を識別する力である．そのため一般的に学びには繰り返し経験することが必要となるが，発生頻度が低い危機については，個人の経験だけでは繰り返し起きる共通部分を分離抽出することが難しい．そのため結果として，固有の現象に引きずられて誤った伝承がなされる危険性が存在することになる．

めったに起きない危機の経験を個人にとどめず，社会全体として共有するためには，貴重な経験を語り継ぎ，多くの人が疑似的に災害を経験することを可能にすることが大切である．そのためには，危機対応に際して作られた情報を網羅的に収集するとともに，事後の振り返りでの反省点も加えて危機対応の記録の取りまとめを体系的に行うこと，いわば危機対応の"戦史"を残すことが必要である．この資料を利用して，その後はいつでも危機事態のシミュレーシ

ョンと危機対応のあり方の検証が可能になる．さらにこうした資料を利用した研修と訓練を数多く実施することを通じて，疑似的な経験を繰り返し積むことが可能になる．

　我が国でも，既存の組織を利用して危機対応業務を遂行した部局では，危機終息後も組織はそのまま存続するため，危機対応の記録の取りまとめが行われることが多い．しかし，残念ながら，危機対応の中枢機能を果たす危機対策本部・災害対策本部の対応記録がまとめられることはほとんどない．なぜならば，危機対策本部は臨時組織であり，そのほとんどが応援職員で構成されているからである．危機対策本部の一員として対応にあたった人員は危機収束後にそれぞれの母体に戻り，それぞれの業務に忙殺され，危機対応を記録としてまとめる機会が失われてしまう．

　その結果，危機対応の貴重な経験は個人の経験知としては残るものの，組織として継承すべき組織知に変換されないまま終わるのである．個人の経験知は暗黙知であり，誰もが共有できるに形式知化されていないことが多い．そのため経験者が組織を去るとともに組織から経験知も消えてしまい，次に大規模な危機が発生するときに経験者が存在しないことから，また"車輪の再発見"が繰り返されることになるのである．

1.4　災害対応は一人ではできない

　地方自治体の危機管理担当者には次のような嘆きがある．通常，危機管理を担当する者の数は極めて限られているが，危機管理部局以外の人は危機が発生したときに必要となる業務は"すべて危機管理部局がする仕事であって，自分たちとは関係がない"と考えている．しかし，わずか数名で危機対応ができるわけがない，というのである．危機対応は危機担当部局だけがやるものという誤解は，意外に多くの組織に存在しているが，明らかにそれは間違いである．一度危機が発生すれば，組織に属する全員が力をあわせて対応する必要がある．多くの場合，それでも人員が足りなくて，他からの応援を求めることにな

1.4 災害対応は一人ではできない

る．いわば，危機対応とは一人ではできない性質の業務なのである．

　危機対応は危機対応部局だけがするものという誤解の背景には"所管"や"所掌"という考え方があるように思える．つまり，組織がやるべき平常時の業務は複数の部局が分担しており，それぞれについて担当する部局，責任や権限が定められ"所掌"する業務が決まっている．いわゆる分業である．どのように業務を切り分けるかは，通常単一の部局だけで業務を効率的に進められるように分割されている．そのため組織図を見ると，組織は通常は縦割りの構図となっている．この考え方を危機対応にあてはめると，あらゆる業務はどこかの部局が所掌することになるので，危機対応業務は当然危機管理部局が所掌するということになるだろう．

　しかし，危機対応業務は平常時の業務と同列に置くべき性質の業務ではない．危機への対応は組織の存亡にかかわる事態に発展する可能性があり，特に大規模な危機は組織の存亡の危機そのものである．そのときに"自分には関係ない"という組織構成員がいること自体が問題であるといえる．危機対応は"担当の誰かがやってくれる"ものではなく，組織が危機を乗り越えるべく誰もが協力すべき事態なのである．

　それでは，危機管理部局が果たすべき役割は何なのだろうか．組織における危機管理の常設事務局というのが答えである．危機対応は組織全体を動員して行う活動だが，平常時から組織の危機管理のあり方を考える役割を担うのが危機管理部局である．米国の危機管理担当者は組織の危機管理部局には3種類の業務があるという．第1の業務は，危機が発生したとき，事前に作られた計画に従って危機対応を差配することである．第2の業務は，そのときの対応経験を振り返り，組織全体の危機対応計画を修正することである．第3の業務は，平常時において，他の部局が組織全体の危機対応計画を踏まえた当該部局の危機対応計画策定を支援することである．これらの3種類の業務を局面に応じて実施することで，組織全体としての危機対応能力を継続的に向上させることが危機管理部局の果たすべき役割であると考えられている．組織の各部局に危機において果たすべき役割があるという前提に立ち，それについて事

前に計画しておくことを支援することが，危機対応部局以外に"自分たちは関係ない"などといわせない秘訣であることをこの例は教えてくれる．

　危機対応は組織全体の活動であるが，危機の規模が大きくなればなるほど必要とされる人的資源も多くなる．そこで必要となる人員をどのように確保調達することができるかが次に考えるべき重要な問題である．平常時の組織は業務の省力化を目指している．できるだけ少人数で短時間に業務を行えるように，自動化や機械化にも努めている．危機発生に伴ってライフラインが機能喪失した場合には，そうした省力化ツールも機能喪失する．そうした場合は，手動で対応せざるを得ないため，人海戦術を採用し，大量の人員を動員することが必要になる．

　必要な人員はまず組織内で確保すべきである．しかし十分な人数を組織内で確保できない場合，必要となる人員を他の組織からの応援によって確保することが求められる．全国組織ならば，他の地域を担当している同じ組織に属する人員が応援に来る．災害時に見られる自衛隊の災害派遣，消防の緊急消防援助隊派遣，警察の広域緊急援助隊派遣などがその例である．電気事業連合会による電力の復旧支援，日本ガス協会によるガスの復旧支援のように，全国規模の業界団体が取りまとめを行って，他地域の同じ業種の組織が応援に来る場合もある．個別の企業であれば，本社や他の支店，系列会社からの動員という形をとる．災害ボランティアによる被災地支援活動も他の組織からの人員確保の一例である．

　このように大量の人員の確保が必要である大規模な危機への対応は，知らない人同士が，不慣れな場所で，不慣れな業務をこなす事態と考えるべきである．必要な人数が集まったとしても，烏合の衆のままでは役に立たない．様々な所属をもつ人々を一つの組織として組織化し，集まった人々の力を引き出し，直面する問題を解決することができなければ，効果的な危機対応は実現しない．そのためには，リーダーシップの確立が不可欠である．

　チームとしての成功という観点からリーダーシップを考える英国のリーダーシップ研究家であるアデア（John Adair）は，リーダーがとるべき行動とし

て，①状況認識の統一を図る，②活動目標の共有を図る，③目標達成手段について合意する，そして④担当者を決定する，という四つの行動を挙げている．まず，チームが置かれた状況はどのようなものか，直面する課題は何かを明確にし，関係者でその認識を共有することが"状況認識の統一"である．課題の構造を明らかにした後は，チームとして達成すべき目標を明示し，それをチーム全体で共有する"活動目標の共有"が必要となる．そして，具体的な課題解決方法を決定し，それについてもチーム全体として納得する"目標達成手段の合意"が必要となる．そして最後に決めるべきは，チーム内で誰がその仕事を担当するかであり，この四つの仕事をきちんとこなせる能力をもつ人を優れたリーダーとして選定するということになる．

リーダーシップと並んで，効果的な危機対応を実現するためには"業務の標準化"も必要である．どの組織にも同じ業務処理の手続きが確立されていれば，組織内から派遣された応援者であれ，他の組織からの応援者であれ，即戦力として活用することが可能になる．なぜならば，業務が標準化されていれば，応援に来てくれた人に受援側（支援を受ける側）の組織がもつ組織風土や業務手順にあわせるための研修を行う必要性がなくなるからである．もしあったとしても，それに要する時間は短くて済む．1995年の阪神・淡路大震災当時は，残念ながら災害対応業務の標準化が考えられていなかった．この震災で大きな被害を受けた神戸市では，応援に来てくれた他自治体の職員を現場に配属するために3日間の研修を実施したといわれる．これでは応援に来る職員にとっても，実際の支援を行う時間が少なくなる．また，受援側である神戸市にしても応援職員の訓練のために多くの人員を割かざるを得なかった．

危機対応は組織全体としての対応を必要とすると述べてきた．もう一つ考慮すべきことは，危機対応に必要となるすべての領域をカバーできる組織はどこにも存在しないという点である．他の組織からの応援は単なる不足人員の充足だけではない．いい換えれば，危機対応は複数の組織がもつそれぞれの能力をあわせてはじめて可能になると考えるべきなのである．"餅は餅屋"ということわざがあるように，それぞれの組織が自分の得意とする資源・能力を利用し

た貢献を行い，それを互いに補い合うようにすることが大切である．

　複数の部局や組織が力をあわせるためには，"協力"と"連携"の2種類の形態がある．"協力"とは，関係する組織間で，互いに共通の目標が成立している状態である．つまり，"目標"レベルでの協調関係である．一方"連携"とは，関係機関の間で目標達成手段を調整し，協応した活動を行うことを指す．つまり"行動"レベルでの協調関係である．"協力"関係なしに"連携"はあり得ない．道路工事の現場に作業員が朝到着するが，資材が届いていない．夕方やっと資材が到着するが，作業員の就業時間が終わって，何もしないまま帰っていくという話がある．これは官僚的な非効率の典型であるが，"協力"的な関係者間での"連携"のなさを示している例なのである．

　組織間の"協力"や"連携"は一朝一夕に実現するわけではない．だからこそ危機対応は組織の実力試験であるといわれる．普段やっていることしか災害時にはできないからである．いわんや普段やってないことは，絶対にできない．組織間の協力・連携も同様である．いざというときに組織間で効果的な協力・連携を可能にするためには，平常時から組織間で目標の共有，活動の調整を話し合い，"協定"の形にまとめておくことが必要なのである．

1.5　危機管理と危機対応はどう違うか

　危機対応は危機管理の一部である．危機管理には，危機対応に加えて，リスク評価，予防策の実施が含まれ，組織が危機に対してとるべき対応のすべてを含む概念である．一方，危機対応とは被害の発生を前提として，その状況の中で組織の存続を目的としてとられる一連の活動を指す．危機対応と危機管理の違いを考えるうえで，レジリエンスという概念を使って整理すると，わかりやすい．

　レジリエンスとは，組織が危機を乗り越える力であると定義でき，図1.1のようにモデル化することができる．このモデルでは，どの組織にも社会から期待されている機能があり，平常時はその機能を十分果たしていることを前提と

1.5 危機管理と危機対応はどう違うか

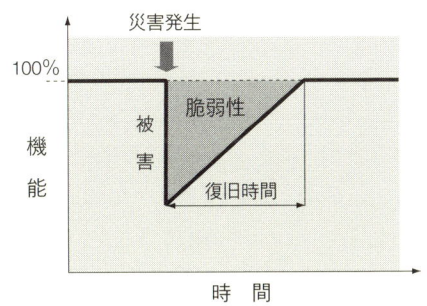

図1.1 危機を乗り越える力としての危機管理
("MCEER's Resilience Framework" を基に筆者作成)

している．危機とは，組織が社会から期待されている機能を，一部あるいは全部失わせるような被害が発生することである．危機が発生すると，組織は機能回復のための活動を開始するが，機能回復までに一定の時間が必要となる．その結果，危機発生から機能回復までの間に機能喪失の三角形が成立する．この三角形は，その組織が危機に対してもつ脆弱性と定義できる．危機管理とは，様々な脅威に対して，この三角形の面積をできる限り極小化する努力を指すのである．

図1.1から，面積を小さくする方法は二つ存在することが明らかになる．第1の方法は，危機によって生じる被害を低減することである．これは予防力，減災力を向上させることを意味する．第2の方法は，失われた機能の復旧に要する時間を短縮することである．これは回復力，再生力の向上を意味する．したがって，危機管理能力を向上させるためには，予防力と回復力のバランスが極めて重要であることがわかる．

現代は"リスク社会"と呼ばれている．組織は様々な種類の脅威に取り巻かれているからである．自然災害はもちろん，2001年9月11日の米国同時多発テロをはじめ，SARSや新型インフルエンザなどの新興感染症の世界的な流行やリーマンショックなど，種類も多様である．これら組織に脅威を与えるものをハザードと総称する．様々なハザードによって大規模な危機が次々と発生しており，世界はその対応を迫られている状況である．さらに現時点ではまだ

その存在が明らかになっていない未知のハザードの存在も否定できないのである．

様々な種類のハザードに対して，組織がもつ最小限の資源を投入することで，危機を乗り越える力を最大化することが危機管理の目的である．そのためには，図1.2並びに以下に示す三つのステップを考える必要がある．

第1は，状況の変化に応じてリスクを評価すること．

第2は，大きなリスクについてはできる限り被害を予防すること．

第3は，それでも被害が出た場合に早期の回復を目指すこと．

危機管理の最初のステップは"状況の変化に応じてリスクを評価すること"である．金融を含めた広いリスクマネジメント分野では，結果として起きる事態のばらつきの大きさをリスクと定義している．"リスクが小さい"とは，予定どおりにしか事が進まない事態を指す．逆にどのような結果になるか予測できない事態を"リスクが大きい"と考える．しかし，危機管理の場合には通常悪い結果を想定しているので，社会にとって負の結果をもたらす事態が起きる確率と，起きた場合の影響の大きさの積としてリスクが定義されている．

様々な種類のハザードが存在するので，どのハザードに対しても万全な備え

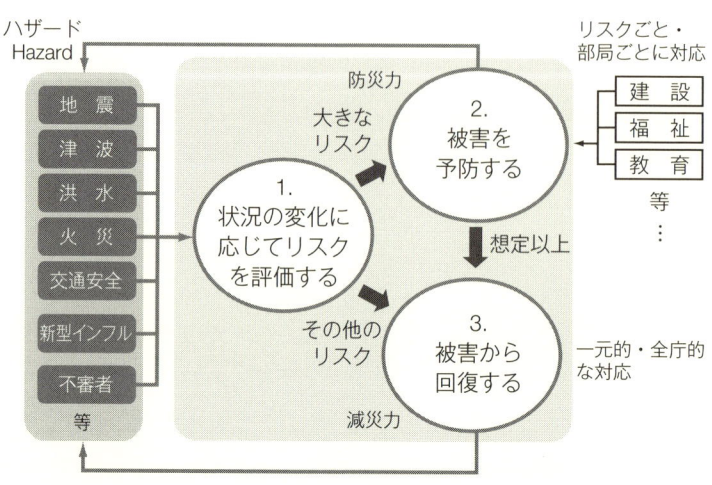

図 1.2　レジリエンスを高める三つのステップ

1.5 危機管理と危機対応はどう違うか

をすることが理想である．しかし，そのために必要となるコストの大きさを考慮すると，それは事実上不可能といわざるを得ない．そこで，大きな影響が予想されるリスクについては，できるだけその発生を避けるために，事前から予防策を採用することが不可欠である．逆にいえば，すべてのリスクについて予防策を講じることは不可能である．どのハザードについて予防するか，それ以外は発生後の危機対応に任せるかの選択が求められる．そのための評価基準がリスクである．それぞれのハザードが組織にとってどれだけの脅威となるかをリスクという共通の物差しで評価し，総体としてのリスクを最小化するように，ハザードごとに対処方法を決定することが，第1のリスク評価の段階である．

大きなリスクをもつと評価されたハザードについては，第2のステップとして予防策を講じていく．予防策はリスクを小さくする対策であるので，①被害発生の確率を減らす対策と，②災害による負の影響を小さくする対策，の2種類に大別されることになる．前者を防災対策，後者を減災対策と呼ぶことも可能である．どちらの対策を選ぶかはコストベネフィットを勘案しながら選択することになる．いずれにしても，通常，施設整備を中心とする予防力の向上には長い時間と多大な費用が必要となる．そのため限られた時間の中で対策の実効性を高めるためには，対策を集中せざるを得ない．したがって，予防策の対象とできるハザードにはおのずと上限があることに留意する必要がある．

予防策の対象を選択するにあたってもう一つ注意すべきことは，すべての種類のハザードに通用する万能な予防策は存在しないということである．例えば耐震性を高めることは地震対策としては有効でも，それは新型インフルエンザの予防策にはならない．そのため，どのハザードを予防対象とするかを明確に規定しなければ予防策は選択できないのである．

さらに，どの"程度"のハザードまで予防するのか，予防できる上限についてもあらかじめ規定する必要がある．それを"設計外力"と呼ぶ．施設を作るにあたっては，費用対効果を考慮して，供用期間の間に起こり得る危機の規模を想定し，どのレベルの危機まで被害の発生を予防するかを決定している．例

えば堤防を作るにあたって，10年に一度程度の確率で起きる大雨に耐えるようにするか，あるいは100年に一度の大雨まで考慮するかで堤防高は当然異なる．それでもハザードの威力が設計外力を上回る場合には，たとえ予防策を講じていたとしても，被害の発生はやむを得ない．東日本大震災の津波災害はその恰好の例である．その際に備えて，第3ステップの回復力の向上がある．

　予防策をとっていたリスクの大きいハザードでも，設計外力を超えた場合には被害が発生する．またリスクが小さいとして予防策をとらなかったハザードによって危機が発生する場合もあり得る．さらに全く想定外のハザードによる災害の発生も否定できない．いずれにしても，結果として被害は発生してしまうのである．そうした事態に備えて，危機発生後に組織の機能復旧のために必要となる一連の行動が危機対応である．

　効果的な危機対応を実現するためには，被害の発生を予測し事前から対応策を整備しておくことが必要である．なぜならば危機対応の最大の教訓は"危機に瀕すると，普段やっていることしかできない"からである．危機対応は普段やらない業務であるのに，日頃からの備えによって回復力を高めておくとは何をすることなのだろうか．以下，この疑問に答えていきたい．

　回復力をあらかじめ高めておくとき重要となるポイントは，どのような種類のハザードに対しても"一元的"な危機対応をするという点である．どのような原因で発生する危機においても，必要最小限の社会機能の維持と，それ以外の機能の早期復旧を可能にする回復を実現することが危機対応の目的である点は共通している．これを危機対応の"一元性"と呼ぶ．ハザードの特性に応じて求められる対応行動は全く異なる．行動面では違っていても，危機対応の目的という観点からは，どのようなハザードにも共通する達成目標として，次の三つが挙げられる．

　　第1は，生命身体の安全確保（life safety）
　　第2は，事態の掌握（incident stabilization）
　　第3は，資産保全と環境の保全（property and environmental protection）
　危機事態には，ハザードの性質によって，この3種類の目標達成のすべて

が関係する危機もあれば，その一部しか関係しない危機もある．いずれにしろ，自分たちが置かれた状況を把握し，3種類のうちのどの目標を達成すべきかを定め，そのために解決すべき課題を明らかにし，それを解決する方法を立案し，担当者を決めることが，すべての危機対応に共通することになる．

　危機対応力は，組織のレジリエンスにとって最後の切り札となる．しかし，危機対応力は無限ではない．なぜならば，危機対応が多くの資源を浪費する活動であるからである．ここでいう資源には，人，モノ，金，そして情報が含まれる．人についていえば，災害対応は通常以上にたくさんの人員を動員し，長時間活動させる労働集約的な活動である．そのため，多くの人的資源を必要とする．モノについていえば，あらかじめ用意したモノがすべて利用されるとは限らない．起こらないことを願いながらも，万が一起こった場合を想定して，モノを配置する必要があるが，結果として何も起こらないことが多いために配置したモノが使用されない場合もあり，これが無駄な備えに見えてしまうこともしばしばである．

　いずれにしろ，危機対応は，実際に使用する何倍ものモノを備える必要がある資源活用効率の悪い活動であることを理解する必要がある．人的資源も物的資源も必要とされるときまでに，必要とされるところに必要とされる以上の量を届ける必要があり，危機がどこでいつ起きるかわからない以上，高い輸送能力が必要とされるとともに，輸送コストも高額になりやすい活動であることも理解されなければならない．最後に情報については，これまで関係者間で状況認識，達成目標，達成手段，担当者を共有する必要性を述べてきたが，それを可能にする仕組みを構築する必要がある．

　危機管理の枠組みの一つとして，組織はどのように危機対応力を高めていけばよいのだろうか．そのための合理的な方法として提案されているのが，ISO 22320:2011（JIS Q 22320:2013）"社会セキュリティ―緊急事態管理―危機対応に関する要求事項"と名付けられた国際規格である．この規格はISO（国際標準化機構）の専門委員会（Technical Committee：TC）の一つであるISO/TC 223［社会セキュリティ（Societal Security），以下，"TC 223"という］

で作成されたもので，事業継続マネジメントの枠組みに従って危機管理能力を高めるために貢献する国際規格である ISO 22301 "社会セキュリティ―事業継続マネジメントシステム―要求事項（Societal security—Business continuity management systems—Requirements）"の関連規格として，危機対応力そのものを高めるために組織が備えるべき必要要件に関する国際規格であり，2011 年 11 月に発行された．

1.6　ISO 22320 とは

　ISO 22320 は，公共及び民間の危機対応組織が，あらゆる種類の危機に対処する能力を高めることを可能にするための国際規格である．予想される危機として，自然災害はもちろん事件・事故による事業の停止・中断を想定している．危機対応には様々な種類の業務を実施する必要があり，それらの業務は複数の部局や組織で分担されて実施されており，国や地方自治体，公益事業体，民間組織のそれぞれが果たすべき責務を担っている．したがって，効果的な危機対応を準備・実施していくためには，関係する機関のすべてが準拠できる共通の指針が必要である．この規格は，危機対応に関係する組織が，全体として最適な効率を維持しつつ，危機対応業務を遂行することを可能とするための最小限の要求事項をまとめたものである．

　この規格はグローバル化が進む現代社会の実態を考慮して，国や地域の境界を越えた広域的な危機対応のあり方についても大きな関心を払っている．そのため組織・地域・国境を越えてなされる危機対応の応援を実施する際に，被災者がもつニーズに対して適切に対応することはもちろんのこと，文化的にも受け入れられるものとすることも強調している．そのため危機対応策の策定及び実施にあたっては，地域社会の参加が必須であると考えている．したがって危機対応に関与する組織が空間的な境界や組織の境界を越えて共通のアプローチに基づいて活動できる能力の向上を求めている．

　効果的な危機対応を実現するためには，危機対応に参加する各組織が体系だ

った指揮・統制システムのもとに活動し，組織間あるいは部局間の連携，協力がスムーズに進むことが必要である．この規格では，その実現のために必要となる次の三つの事柄について63個の要求事項を規定している．①危機対応の単位となる組織・部局内の指揮統制プロセスを実行するための規定（箇条4），②危機対応を進めるための効果的な活動情報処理を実現するための規定（箇条5），③危機対応に関与する組織間の協力及び連携を確保するための規定（箇条6），である．この規格の理解にあたって役立つと考えられる基本事項を以下に紹介する．

(1) 要求事項規格としてのISO 22320

　ISOのマネジメントシステム規格は，要求事項規格とガイドライン（指針規格）とに大別される．要求事項規格の場合には，"…しなければならない"（原文では"shall"）という表現が用いられる．"…しなければならない"という表現が用いられている事項を利用する際，ぜひとも注意しなければならないことがある．それは，その規定に従うと考えた場合，その要求事項に書かれているすべての事柄に従うことが求められるということである．適当に解釈する，あるいはある記述された規定の一部のみを採用することは認められていない．要求事項がそのまま利用されることで，組織を超えた標準化が可能になるため，規定の順守に対しては厳格である．

　それでは，要求事項に従えない場合にはどうすればよいのだろうか．答えは，規格が求める要求事項のうち自分が従える要求事項だけを選択すればよいのである．法的強制力がある場合等を除けば，もともとISO規格は任意の規格であり，それを採択するか否かは基本的に利用者に任されている．規格を採用する方が利益が大きいと判断した場合にだけ，採用すればよいのである．また規格には要求事項ごとに採用の可否を判断することも許されている．したがって，自分には難しいものは採用しなければよいということになる．しかし，一度採用すると決めた場合には，自分勝手な解釈や判断は許されず，要求事項が規定するとおりに実施することが求められる．つまり規格を参考にして，自

分の組織に都合のよいように"改変"することは許されないのである．それをした場合は規格に準拠することにはならない．この点にはぜひとも注意をしていただきたい．ISO 22320 の採用にあたっては，まず自分たちで納得のいくところから徐々に採用し，だんだんに採用する要求事項を増やしていく方法が効果的である．

(2) 危機の五つのレベル

日本語の"危機"とは大変便利な言葉で，どのような規模のものであれ危機という一つの概念で取り扱うことができる．しかし英語圏では日本語の危機にあたる言葉が"incident"，"emergency"，"crisis"，"disaster"，"catastrophe"と五つに分かれている．しかも英語圏の人々は図 1.3 に示すように，これらを発生頻度や影響の大きさによって使い分けており，五つの異なる現象としてとらえている．ISO 22320 では，これらを五つの異なる現象ではなく，その間に共通する特性が存在する一つの現象の五つの異なる様相（規模の違い）としてとらえられることを"levels of incident response"という概念で説明して

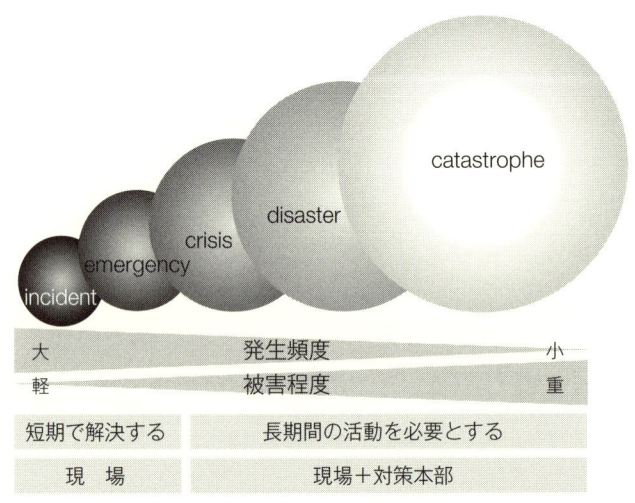

図 1.3 英語圏で"危機"を表す五つの言葉

1.6 ISO 22320 とは

いる．そのため危機を表現する代表的な言葉として，五つの中で最も規模が小さく，発生頻度が高い"incident"を危機対応の中心に据えている．"incident"レベルでの危機対応に用いられる基本的な事項が，他のより規模の大きな危機にも適用可能であることを示している．

一方で，我が国では"incident"は慣習的に"事案"と訳される．同様に"emergency"を"緊急事態"，"crisis"を"危機"，"disaster"を"災害"，そして"catastrophe"を"カタストロフ"と訳し分けることが多い．しかし，これらを訳し分けることは，本規格が目指すことをあいまいにさせ，日本語の"危機"という言葉の特性を失わせることになる．そこで本規格ではどれも"危機"として理解することをお願いしたい．

本規格では"incident"が英語圏における"危機"に相当する共通表現として頻出するので，"incident"が単独で使われている場合には，日本での訳語である"事案"との誤解を避けるために，本規格では"インシデント"という訳語をあてている．この使い方は，関連規格である ISO 22300 及び ISO 22301 も同様である．

また"incident"は他の概念との組合せで，"incident response"，"incident preparedness"，"incident prevention"，"incident command"，"incident scenario"，"incident relief"，"incident level"と多様な使われ方をしており，すべて"incident"を"危機"と訳し，"危機対応"，"危機への備え"，"危機の予防"，"危機における指揮統制"，"危機シナリオ"，"危機における救援"，"危機レベル"としている．ただし，"incident types"の場合のみ"インシデントの種類"とした．

(3) "活動情報（operational information）"とは何か

本規格箇条5の"operational information"は本規格の3本柱の一つであるが，この概念自体はこの規格が作った造語である．当然，それを訳出した"活動情報"も造語である．その意味は，様々な断片的な情報を基に意味を見いだす過程を指しており，規格開発中は"intelligence"が使われていた．し

かし，英語圏においてこの言葉には敵対勢力の動静に関する諜報という軍事的な意味が含意されているものの，本規格ではその意味を含まないことを理由に，参加国からこの言葉の使用に対して強い抵抗が寄せられたことから，最終的に危機対応活動に際して必要となる情報ということで"operational information"を使用することで決着したという経緯がある．規格の意味するところを真に理解するためにこの点にも留意されたい．

(4) "command and control"の訳語の選択

危機対応にかかわるどの組織も備えるべきリーダーシップを規定する"command and control"の訳語の選択に関して，"指揮・統制"か"指揮・調整"かで意見が分かれた．"command"を"指揮"とする点は問題なかったが，"control"という言葉を"調整"とするか"統制"とするかで大きな議論となった．公的機関では，利害葛藤を克服し，統一した方向性を見いだす"調整"行為こそリーダーシップの発露である．強力な個人の存在を嫌う傾向がある日本的なリーダーシップのあり方を反映する概念として"指揮・調整"は実態に即している．一方，"統制"は，内部統制などの関連分野が存在するため，民間組織にとっては，より慣行的な訳語である．結果として本規格では民間組織になじんでいる"指揮・統制"を採用した．公的機関で危機対応にあたる方は"指揮・調整"と読み換えることをお勧めする．またここから発生する言葉として，危機対応の中心人物である"incident commander"の訳語では，危機という言葉を省略して"指揮・統制者"としていることにも留意されたい．

(5) "cooperation and coordination"の訳語の選択

危機対応にかかわる組織間の友好的な共同関係を表す概念である"cooperation and coordination"の訳語の決定にあたっても意見が分かれた．"cooperation"と"coordination"に対する訳語として，"調整"，"協力"，"連携"という三つの候補が挙げられた．"cooperation"は目的レベルでの組織間の共同を指す概念であり，"協力"とした．一方"coordination"は"調整"か"連

携"かで意見が分かれたが，行動・対応レベルでの組織間協働を指す概念であることから"連携"とした．

(6) "business continuity"の訳語の選択

我が国では，"business continuity"を公的機関では"業務継続"と訳すことが多い．一方民間組織では"事業継続"と訳すのが一般的である．関連規格である ISO 22300 及び ISO 22301 との訳語の統一を図るため，利用者の多さから本規格では"事業継続"という訳語を採用した．公的機関の利用者はそれを"業務継続"と読み換えていただきたい．

1.7 ま と め

本章では，多くの人が危機対応に対してもつであろう四つの疑問を取り上げて，危機対応の特徴について考えてきた．すなわち，①危機対応とは，曖昧な状況で，時間的余裕もなく，世間の評価が厳しい中，組織がこの事態を乗り切るために膨大な仕事をこなす事態であること，②危機対応には真の意味の専門家がいないこと，③危機対応は多くの人々の協力があってはじめて可能になる事態であること，そして④危機対応は危機管理の一部であること，の 4 点である．

こうした特徴をもつ危機対応を効果的に実現するためのツールとして，①組織・部局内の指揮・統制プロセス，②活動情報処理，③組織間の協力及び連携のあり方を規定する ISO 22320 の概要を紹介した．この規格では，危機対応にあたって関係する組織はそれぞれの指揮統制系統を定め，①活動目的に関する共通理解を確立し，②業務に関する全体像を共有し，③別の指揮調整系統をもつ組織との関係を維持し，④全体を率いる権限をもつリーダーを任命する，ことが必要となる．危機対応活動を実施するには，状況認識の確立，資源の手配，活動の調整を支援するための活動情報が不可欠である．活動情報の質は，①活動計画の策定及び指示，②必要な情報収集，③情報フォーマットの標

準化，④情報の分析及びレポートの作成，⑤レポートの配信及び統合，⑥情報処理プロセスの評価及びフィードバック，の六つのプロセスによって左右される．さらに，複数の組織間の共通の目的をもって"協力"し，活動レベルでの"連携"を可能にする協力連携も必要となる．災害対応に関係する組織が共通した災害対応様式を採用することの大切さは，我が国ではこれまで注目されてこなかった課題であり，今後官民を問わず検討する必要がある．

　これからの我が国は大規模な危機の発生が確実視されている．21世紀前半に発生が確実視される南海トラフ地震でも，今後30年間で発生確率が70％といわれる首都直下地震の場合でも，複数都道府県が同時被災する大規模な危機事態が予想され，国，都道府県，市町村など多くの組織が共同して危機対応にあたる必要があり，効果的な災害対応の実現のためには，危機対応の標準化は不可欠なのである．そのためのツールとなり得るISO 22320について，次章以降で学ばれることをお願いしたい．

コラム ISO 22320 解説書執筆によせて

　2011年3月11日の東日本大震災により，多くの犠牲者及び被災者が発生し，海沿いの港湾施設をはじめ多くの建物も甚大な津波被害を受けた．震災から3年が過ぎ，復興に向けた動きも本格化している．

　この大震災では，被災地の自治体ほか自衛隊，警察をはじめとした各機関，全国各地からの自治体等の応援体制により，人命救助，緊急対応が実施された．大震災で混乱した状況の中，指揮命令調整，情報交換，連携協力が円滑に運ばれたとはいいがたかったとの反省の弁も聞かれている．

　最近の検証によると，多くの組織がそれぞれ独自な指揮系統や用語・表現等を用いていたことによって情報交換などで混乱が生じたことが多数指摘されており，このような危機対応に関する活動にあたっては，それぞれの機関が同一の言語を使用し，情報交換においても共通認識をもてるようにすることが重要課題であると再認識されている．

　ISO 22320（JIS Q 22320）はこれらの課題を解消するために有効とされている．この規格では"指揮・統制"，"活動情報"，"協力及び連携"について各箇条にわたり要求事項を規定している．

　ISO 22320は"危機対応"に関する規格だが，危機管理に関する危機の発生予防，事前の危機管理についてはISO 22301（事業継続マネジメントシステム）やISO 22398（演習の指針）などと組み合わせて危機管理マネジメントのPDCAサイクルを回していく必要がある．

　"危機対応"については，危機の規模や内容に応じて目的を設定し，それを達成するため数値等を含めた目標を設定し，対応する危機状況の変化に応じて，役割と責任を分担し活動する．活動中のルール，特に二次災害の防止に重点を置き，各機関間で情報の共有を図ることが重要であることがわかる．

　現場での各機関の活動では，活動に対する戦術と活動する複数の機関を統率する組織が必要であり，その活動を支援する後方支援組織には現地に必要な資源（人，モノ，施設，情報等）を的確に配分する役割が求められる．

　この規格には今までにないこうした内容が盛り込まれ，今後の危機対応に一石を投じるものと信じる．多くの人々に活用されることを期待したい．

（荒井　富美雄）

第 2 章

ISO 22320 の解説

ISO 22320:2011（JIS Q 22320:2013）"Society Security—Emergency management—Requirements for incident response（社会セキュリティ—緊急事態管理—危機対応に関する要求事項）"は次のような規格構成となっている．

序文
1　適用範囲
2　引用規格
3　用語及び定義
4　指揮・統制に関する要求事項
4.1　一般
4.2　指揮・統制システム
4.3　人的要因
5　活動情報に関する要求事項
5.1　一般
5.2　活動情報提供プロセス
5.3　活動情報提供プロセスの評価基準
6　協力及び連携に関する要求事項
6.1　一般
6.2　協力
6.3　連携
6.4　情報共有
6.5　人的要因
附属書A（参考）　各要求事項の事例
附属書B（規定）　活動情報提供プロセスの評価基準
参考文献

このうち，本章では，この規格の要諦である箇条4（指揮・統制に関する要求事項），箇条5（活動情報に関する要求事項），箇条6（協力及び連携に関する要求事項）について，必要に応じて当該箇条のねらい等を示した後に，原則として次の順序で解説を行う．

ISO 22320 の箇条番号と見出し*

　（1）　要求事項の要約： ISO 22320 の規定文に基づき，当該箇条の要求事項についての要約・要点を示す．**

　（2）　規定事項の解釈： 当該箇条の要求事項以外の部分も含め，読み解くにあたって重要な概念やわかりにくい事項を解説する．

　　*　ISO 22320:2011 の完全一致翻訳規格（国際一致規格）である JIS Q 22320:2013 の箇条番号と見出しを示す．

　**　規定文を要約していることから，ISO 22320（JIS Q 22320）の規定文そのものとは完全には一致しない場合がある．

4 指揮・統制に関する要求事項

4.1 一般

"指揮・統制"という用語は，この規格の中で"インシデントにおける目標達成を目指した意思決定，状況把握の実施，計画の策定，及び決定事項の実施，並びにそれらの影響の統制に関する活動"と定義されている．本項ではこの"指揮・統制"という言葉で総称される活動の範囲を，より具体的に規定したうえで，指揮・統制における基本原則を示している．

(1) 要求事項の要約

- ●一般に，指揮・統制には，次の任務が含まれる．
  - a) 危機対応に関する目的並びに達成目標の設定及び更新
  - b) 役割，責務及び関係者間の相互関係の決定
  - c) 規則，制約条件及びスケジュールの設定
  - d) 法令順守及び賠償責任対策の徹底
  - e) 状況及び進捗の把握，評価及び報告
  - f) 主要な決定事項及びその前提の記録
  - g) 各種資源の管理
  - h) 情報の発信
  - i) 意思決定及びその共有
  - j) 決定事項のフォローアップ
- ●複数の組織が協働する場合や，単一組織内の複数部署が関与する場合の指揮・統制においては，次の事項が適用される．
  - ―関与する組織間又は部署間で，全体的な活動目標について，合意することが望ましい．
  - ―業務上の意思決定は，組織の中で可能な限り低い階層で行われるべきであり，一方で業務遂行に必要な支援や，組織間の連携については，

組織の中で最も高い階層で行われるべきである．このような考え方に基づく組織体制及びプロセスを構築するのが望ましい．
—危機対応の任務にふさわしい権限が付与され，各種資源が用意されなければならない．
—組織は，危機対応策の策定及び実施に当たって，地域社会の参画を促さなければならない．

(2) 規定事項の解釈

　本項の冒頭には，指揮・統制という範疇でどのような項目を対象に含むべきかが列挙されている．個々の項目についての具体的な要求事項等は後続の各項に記述されている．

　また，危機対応における指揮・統制の全体を通して念頭に置くべき四つの考え方が示されている．

　一つ目は，危機対応にあたる関係者の間で，現在直面している状況について，関係者間で状況認識を統一し，これに対する活動目標を共有すべきであるということである．もちろん危機対応の進展によって状況が変われば，活動目標も見直され，危機対応の全体像も変わってくるので，関係者間で随時遅滞なく更新される必要がある．

　二つ目は，業務上の意思決定はできるだけ現場に任せ，そのために必要な支援や組織間連携は上位レベルで進めるべきである，という考え方である．この点については"4.2.3　指揮・統制体制"で具体的に説明されている．

　三つ目は，危機対応にあたる組織や要員に対しては，そのために必要な権限や資源が用意されなければならない，という点である．権限に関しては前項に通じる部分もあるが，実際には権限だけでなく，現場での業務遂行のために必要な人手や機材，資材，設備，情報等を確保し供給するための対策を講じなければならない．この点については"4.2.7　指揮・統制の資源"に要求事項が規定されている．

　最後に求められているのが地域社会の参画である．企業などの組織は多かれ

少なかれ地域社会に依存しており，また地域社会もそこに立地する組織の影響を受ける．したがって組織は長期的に地域社会と共存共栄の関係を構築・維持していくべきである．このような関係において，組織における危機対応のよし悪しが，地域社会に影響を及ぼす（特に，地域住民の安全を脅かす可能性がある）ことは十分考慮されるべきであるし，また危機対応を成功させるために地域社会の協力が必要な場合もあり得る．このような観点から，組織がどのような指揮・統制の仕組みを準備し，どのような危機対応を実施するのか，可能な範囲で地域社会に情報を開示しながら，地域社会とともに危機対応体制を構築していくという姿勢が求められる．

4.2 指揮・統制システム

4.2.1 一　般

ここから指揮・統制システム（command and control system）に関する具体的な記述が始まる．まず本項では，組織に指揮・統制システムを導入するうえでの基本的なコンセプトが示されている．

(1) 要求事項の要約

- 組織は次の要件を満たす指揮・統制システムを構築しなければならない．
  - 関連する法令及び規制，並びにこの規格の要求事項に適合している．
  - 様々なインシデントの種類及び関与する組織に合わせて拡張可能である．
  - どのような種類のインシデントにも適応できる．
  - 様々な危機対応組織及び関係機関を統合することができる．
  - インシデントの展開及び危機対応の結果に応じて柔軟に対応できる．
- これらの要件を満たすため，指揮・統制システムには，次の事項を含ま

なければならない．
　―指揮・統制体制
　―指揮・統制プロセス
　―指揮・統制体制及び指揮・統制プロセスを実施するために必要となる資源
● 組織体制及び指揮・統制システムに関する各プロセスは，文書化しなければならない．
● 指揮・統制システムの構築（立ち上げ）とともに，組織はできるだけ早急に，組織内部で，及び他の組織，関係者，関係機関との間に，次のような事項に関する指揮系統を定めなければならない（これらは全て計画策定及び演習の段階で事前に考慮されていなければならない）．
　a)　任務の目的に関する共通した理解
　b)　状況認識の統一
　c)　指揮系統に属さない他の組織との関係
　d)　リーダーとしての責任を担える，適切な代理権をもつ人々の任命

(2)　規定事項の解釈

　組織に指揮・統制システムを構築し，危機対応が可能になるよう準備しておく目的は，危機事象の発生による人的及び物的損害や，その他の悪影響を最小限にとどめることである．そのためには，その組織に起こり得る様々な危機事象に柔軟に対応できなければならないし，状況に応じて他の組織と連携・協働するための準備も必要である．

　このような問題意識に基づいて，効果的な指揮・統制システムを構築し，運用するために，この規格では主に次の三つの観点から，指揮・統制システムに対する要求事項や推奨事項が記述されている．
　・指揮・統制体制
　・指揮・統制プロセス
　・上の体制及びプロセスのために必要となる資源

また，危機対応には緊急性が求められることから，危機事象が発生した際には（もしくは発生した可能性があると認識された時点で）速やかに指揮・統制体制を立ち上げ（多くの組織では"対策本部を設置する"と表現される），必要なプロセスを開始しなければならない．

指揮・統制体制が立ち上がったら，まず誰がリーダー（対策本部長と呼ばれることが多い）になるのかを明確にして，すべての情報をリーダーに集中させる．そして，いま何が起こっているのかを可能な範囲で把握したうえで，組織としての活動の目的を決める．危機対応の初期段階では，まだ事態が十分把握できないことも多いため，情報が足りない中で暫定的な活動目的を設定せざるを得ない場合もあり得る．

このような初期の行動を迷わず迅速に行うために，指揮・統制体制及びプロセスはマニュアルやチェックリスト等の形で文書化し，十分訓練しておく必要がある．

4.2.2 役割及び責務

この項では，危機対応における組織のリーダーに課せられる役割及び責任について規定している．

(1) 要求事項の要約

- 組織内の指揮・統制に関する全責務を担う単一の役職（便宜上，"指揮・統制者"と呼ぶ）が，組織内で明確になっていなければならない．
  ここで言う"全責務"には次の事項に関する責務が含まれる．
  ―危機対応の全ての対策を開始し，連携させ，責任を負うこと
  ―必要に応じて新しい組織を立ち上げること
  ―開始，拡大及び終結のためのプロセスについて検討すること
  ―法的及びその他の義務事項を明確化し，果たすこと
- 指揮・統制体制は，指揮・統制者が権限を他の者に委譲できるように組

織されていなければならない．

(2) 規定事項の解釈

組織の指揮・統制に関する責任と権限は一人に集中させ，そのことが関係者間で明確にわかるようになっているべきである．いうまでもなく，"船頭多くして船山に登る"と喩えられるとおり，一つの組織の中で複数の人（あるいは役職）から指示が出ると現場が混乱するからである．

しかしながら組織の規模が大きい場合や，対応が急を要する場合等，状況によっては指揮・統制者の役割を複数人で分担しないと，手が回りきらず責任を全うできない可能性も考えられる．したがって，必要に応じてより下位のスタッフに権限を委譲して，指揮・統制に関する業務を円滑に進められるように，組織体制を検討すべきなのである．ただし，この場合でも委譲するのはあくまでも権限のみであり，責任は引き続き指揮・統制者が担うべきである．また委譲された権限を行使して適切に業務を遂行できるよう，スタッフに対して教育・訓練を実施したり，危機対応における対応方針や価値観について，平常時から十分に相互理解を高めておくのが望ましい．

4.2.3 指揮・統制体制

指揮・統制システムにおける基本的な四つのコンセプトの一つとして，"4.1 一般"において次のような考え方が示されている（要求事項ではない）．

- 業務遂行上の意思決定は，組織の中で可能な限り低い階層で行われるべきである
- 業務遂行に必要な支援や，組織間の連携については，組織の中で最も高い階層で行われるべきである

本項ではこのコンセプトを，より具体的に説明している．

4 指揮・統制に関する要求事項

(1) 要求事項の要約

> ●指揮・統制体制は，判断の種類や時間的な枠組みの違いに応じて，例えば"戦術レベル"，"作戦レベル"，"戦略レベル"，"規範レベル"というようにレベルに分かれていなければならない．

(2) 規定事項の解釈

表 2.1 は指揮・統制体制における指揮レベルの違いを例示したものである．一般的に，"戦略的（strategic）"とは，"何を実現するか（What）"を検討・判断するレベルであり，活動の方針や目的，目標を決めることが中心である．これに対して"戦術的（tactical)"とは，より現場に近い立場で"どのように実現するか（How）"を検討し，実行するレベルで，どのような手法を用いるか，どのような資源を活用するかといった検討・判断を実施することになる．多くの組織では表 2.1 の例のとおり，より高い階層の，広い範囲を統括する組織が戦略的なポジションにあり，一方でより低い階層の，限定された範囲を担

表 2.1 指揮・統制体制の分類の例
(JIS Q 22320:2013 附属書 A の表 A.1 を基に筆者が一部改変)

指揮群	指揮レベル	説　明	時間的枠組み
戦略的 (strategic)	規範	監視，支援又は直接介入のいずれかの目的で，インシデントの性質に応じて活動する，国家又は都道府県レベル	長期的
	戦略的活動，方針及び目的の指揮	管区の長　例えば，地方自治体の首長，個別対応組織の長，活動に関する最高位の意思決定者	中期的
戦術的 (tactical)	危機対応の指揮・統制，連携及び協力	各参加組織の指揮・統制者レベル	短期的
	活動における任務レベルの調整	現場での調整及び支援業務（隊員及び部門又は部署，並びに同レベルの支援機能担当）	状況に応じた即時対応

当する組織が戦術的なポジションにあると考えられる．

　また時間的枠組みという観点では，最も低い階層においては，まず目の前で起きている事象に対して適切に対処することが求められるが，より高い階層になるほど，先を見越した中長期的な視野での検討・判断が必要になる．このような考え方に基づいて，自組織においてどのようにレベルを設定し，それぞれのレベルの指揮・統制者に対して，どのような役割・権限・責任を割り当てるべきかを検討しなければならない．

　なお，指揮・統制体制としてどのような組織構造にすべきかという点については具体的な記述がないが，"4.2.5　指揮・統制プロセス"において，要求事項ではないものの，指揮・統制体制が備えるべき機能が次のとおり列挙されている．

　　a）要員人事，庶務及び財務機能
　　b）状況の認識及び予測機能
　　c）任務遂行機能（計画策定，意思決定，記録作成，実施）
　　d）物流機能
　　e）マスメディア及び報道対応機能
　　f）通信及び情報伝達機能
　　g）連絡機能（例えば，危機対応組織とNGOとの間）
　　h）警報発信及び窓口対応機能（例えば，一般の人々への情報提供）
　　i）安全管理機能（例えば，現場要員の安全衛生）

　ここで指揮・統制体制の具体的な例として，米国のFEMA（連邦緊急事態管理庁）が用いている"Incident Command System"（インシデント・コマンド・システム又は危機対応システム，以下，"ICS"という）を紹介したい．ICSにおいては図2.1のような組織体制が規定されており，これは連邦政府，州，自治体，消防等の様々な組織で，指揮・統制のレベルを問わず共通的に用いられている．また，それぞれのレベルで危機対応に必要な五つの機能（指揮調整，事案処理，情報作戦，資源管理，庶務財務）を備えるようになっており，a）～i）に示した機能がすべて含まれている．

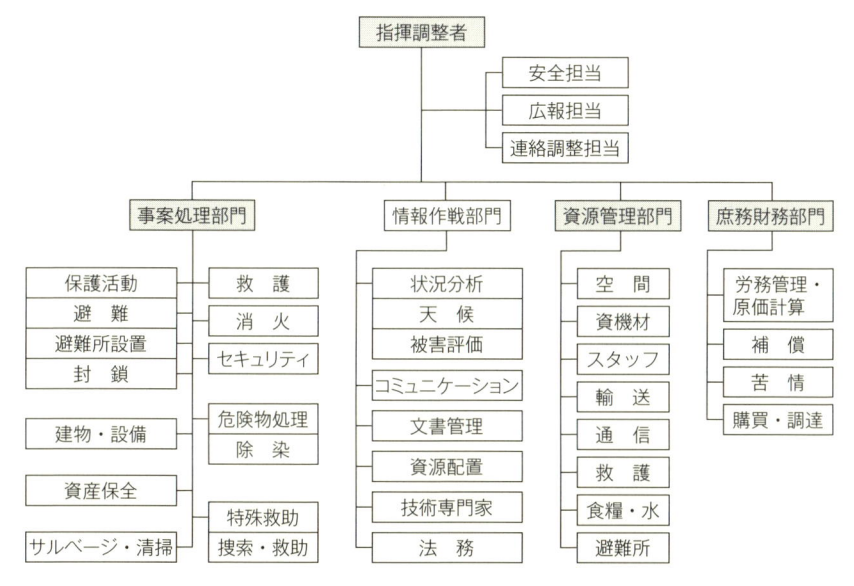

4 指揮・統制に関する要求事項　　　　49

図 2.1 Incident Command System（ICS）の組織図
("NFPA 1600 2013 Edition"を基に筆者作成)

このように緊急時における組織構造を共通化することには，現場における組織間の連携がとりやすくなるというメリットがある．日本においては，自衛隊，海上保安庁，及び消防関係には ICS に基づく組織体制が採用されているが，都道府県及び市町村の緊急対策本部，並びに民間組織に関しては組織体制の共通化の普及が遅れている感がある．

4.2.4 危機レベルへの対応

"4.2.1 一般"で示されているとおり，指揮・統制システムはどのような種類のインシデントにも適応でき，またインシデントの展開及び危機対応の結果に応じて柔軟に対応できなければならない．これらを可能にするには，現在直面している危機がどのくらい重大なのか，それが現状の体制で対応可能なのかを見極め，必要に応じて体制を変更していく必要がある．このような対応を容

易にするために，本項ではインシデントをその重大性に応じて分類するよう求めている．

(1) 要求事項の要約

> ● 組織は，インシデントをその重大性によって幾つかのレベルに分類しなければならない．

(2) 規定事項の解釈

表 2.2 は規格内附属書 A の表 A.2 で例示されている，危機レベルの分類例である．この例ではより軽微な，現有資源で対応可能なレベルのインシデントを"レベル 1"，これに対して国家レベルの対応が求められる重大なインシデ

表 2.2 投入される資源に基づく危機レベルの分類の例
（JIS Q 22320:2013 内附属書 A の表 A.2）

危機レベル	危機レベルの説明	指揮レベル
レベル 1	あらかじめ規定された対応に従って投入された資源で対応できる事象	戦術的指揮，任務レベルでの指揮 ときに戦術的連携による監視及び支援を受ける．
レベル 2	被災した組織がもつ資源を投入すれば対応できる事象	戦術的指揮及び連携
レベル 3	被災した組織がもつ資源に加えて，近隣組織の相互支援の通常の取決めによる支援を受け対応できる事象	管轄区内での活動に関する戦略的指揮及び連携
レベル 4	被災した組織がもつ資源に加えて，被災した地理的管轄区内にある全ての組織からの支援を受け対応できる．この支援は，地方政府の活動連携センターの利用を通して，提供されることもある．	管轄区の内部，及び隣接区域にまたがる戦略的指揮 ときに戦略レベルによる監視を受ける．
レベル 5	その組織が事象に対応することを助けるため，提供されるあらゆる支援を管理することも含まれ，被災地をもつ中央政府によって二国間条約及び国際組織の既存の協約が実施される．	管轄区の内部，及び隣接区域にまたがる戦略的指揮 ときに戦略レベルによる支援及び直接介入を要求される場合がある．

ントを"レベル5"とし，その間のレベルを段階的に定義している．具体的なレベルの分け方や，それぞれのレベルにどのようなインシデントが含まれるかは，個々の組織における指揮・統制体制や資源の準備状況によって異なる．

インシデントの重大性に応じて対応体制を拡大していくことを，"エスカレーション"という．例えば住宅地で単独火災が発生し，当初は消防車3台で消火活動にあたっていたとしても，延焼する可能性があると判断されたら，直ちに応援を要請してより多くの消防部隊を投入し，早期鎮火を図らなければならない．この場合，消防部隊の増員が延焼拡大のペースに追いつかないと，消火活動が後手に回ってしまうので，エスカレーションの判断の遅れは致命的である．

このような観点から，直面しているインシデントの重大性や，現有の体制・資源での対応可能性を適切に評価し，必要に応じて迅速にエスカレーションできるように，インシデントを分類しておくことが求められている．したがって，自組織におけるレベルの分け方を決める際には，自組織の指揮・統制体制や資源の準備状況等を考慮に入れて，エスカレーションが必要になる場面を想定し，これを基準にするのが現実的であろう．

4.2.5 指揮・統制プロセス

ここでは危機対応における指揮・統制を実行に移す際，どのような段階を踏んで進めていくかが記載されている．

(1) 要求事項の要約

●組織は，次の活動を含む，継続的な指揮・統制プロセスを構築しなければならない．
　―観察
　―情報の収集，処理及び共有
　―予測を含めた状況の評価

―計画策定
　　　―意思決定及び決定事項の伝達
　　　―決定事項の実施
　　　―結果のフィードバック及び統制策
　　●この指揮・統制プロセスは，指揮・統制のチームに関与する全ての人々に対して適用されなければならない．

(2) 規定事項の解釈

　平常時の業務と異なり，危機対応においては，組織が過去に経験したことのない状況に立ち向かっていくことになるのが基本である（過去に類似の事例があったとしても，周辺状況まで含めて全く同じ事象は発生しないと考えるべきである）．したがって，対応手順を事前に細かく決めておくことはできず，刻々と変化する状況を常に観察しながら，それぞれの局面においてどのような対応策を実施するか判断し，実行していく必要がある．そのためには，前述の要求事項で列挙されているような活動を，自組織にとって合理的な方法で繰り返し実行していく仕組みや手順を，自組織の指揮・統制プロセスとしてあらかじめ定めておき，危機事象が発生したら直ちに指揮・統制プロセスに沿って活動を開始できるよう，訓練しておかなければならない．

　図 2.2 は，ISO 22320 では図 1 として指揮・統制プロセスを例示している図である．前述の要求事項に含まれている活動が繰り返し実施されるよう配置されている．

　なお，これは組織間連携を伴わない単一組織における指揮・統制プロセスを図示したものであり，複数の組織間連携を伴う指揮・統制プロセスについては，箇条 6 の"協力及び連携に関する要求事項"で説明されている．

　また，図 2.3 は前述の ICS における指揮・統制プロセスである．対応策の実施結果をフィードバックしながら意思決定，対応策の実施を繰り返していくという基本的な流れは変わらないが，指揮・統制プロセスの中心に，当面の対応計画の立案とその実行の積み重ねがあるとしている．インシデント対応にお

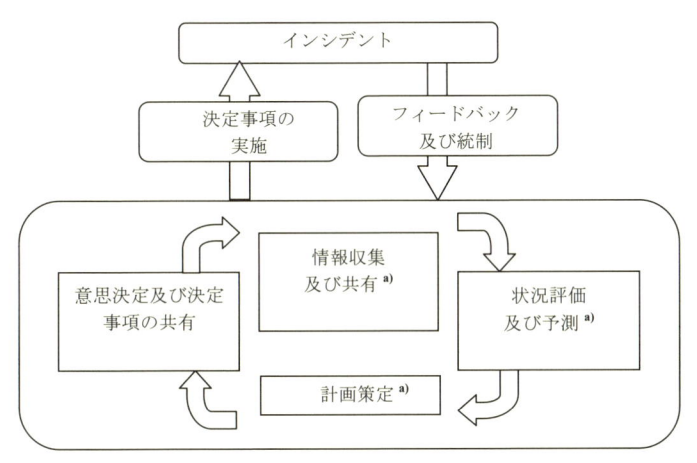

4　指揮・統制に関する要求事項　　53

注 a) 組織外の関係組織との連携をほとんど必要としない。

図 2.2　指揮・統制プロセス（JIS Q 22320:2013 内の図 1）

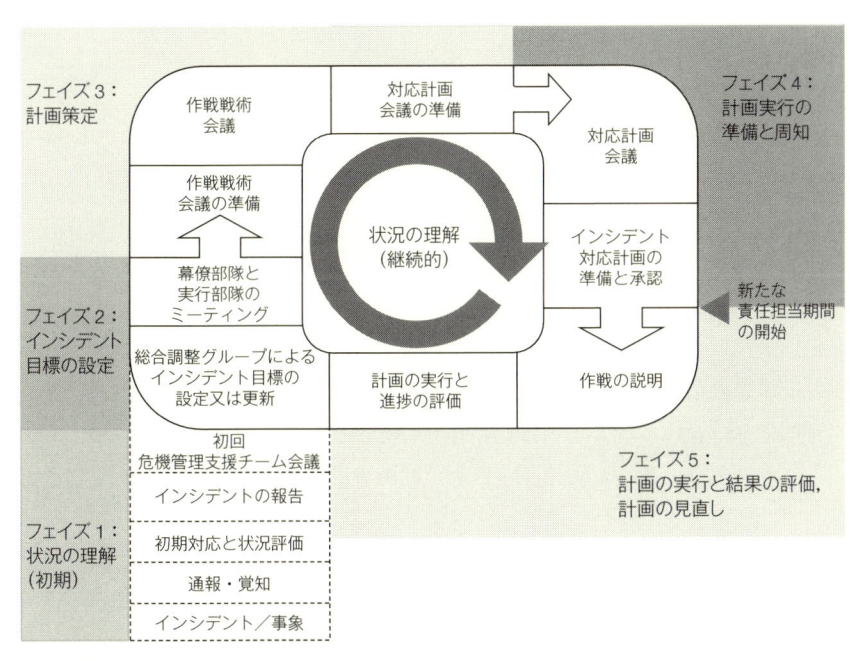

図 2.3　米国における当面の対応計画策定を中心とする指揮・統制プロセス
（"FEMA Incident Action Planning Guide"を基に筆者作成）

ける目標の設定（フェイズ2）から，当面の対応計画を作成し（フェイズ3），その計画を実行するための準備をして承認を得る（フェイズ4）までの過程が明記されている等，ISO 22320における例示に比べてこちらの方が具体的かつ実践的な記述になっている．

4.2.6 意思決定

前項で述べられている指揮・統制プロセスのうち，唯一"意思決定及び決定事項の伝達"に関しては，規格の中では要求事項がないが，次のような推奨事項が記載されている．

(1) 推奨事項の要約

> ● 意思決定は，できる限り，明確かつ透明であることが望ましい．
> ● 意思決定の結果は，組織内部及び関係する組織だけでなく，状況によっては一般社会にも伝達すべきである．

(2) 規定事項の解釈

危機対応においては様々な局面で重要な意思決定が行われることになるが，主に次のような観点から，意思決定に至る過程（どのような情報を基にして，誰が，いつ，どのような意思決定を行ったか）を明確にする必要がある．

・意思決定が，その組織の指示・統制システムで定められた責任及び権限をもつ者によって正当に行われていることを確実にする
・意思決定に基づく指示を受けて実際の対応業務を行う担当者が，指示の目的や意義，背景をより深く理解する
・危機対応が期待どおりの結果に結びつかなかった場合に問題点の検証を行う
・危機対応の結果として組織内外に何らかの損失が発生した場合に，危機対応との因果関係や責任の所在を明らかにする

なお，規格では特に求められていないが，前述のような観点から，意思決定の過程を組織内外に説明できるようにし，意思決定の透明性を高めるためには，意思決定の過程や結果を記録することが望ましい．

また，危機対応における意思決定の結果が，関係者に対して正確かつ確実に伝達されるべきなのはいうまでもないが，状況によっては関係者に限らず一般社会に対しても広く伝達・報告されるべき場合がある．規格の中では具体的に言及されていないが，例えば次のいずれかに該当する場合には，一般社会に対する伝達・報告を検討すべきである．

- 意思決定の結果やそれに基づく対応業務の結果が，近隣住民など一般社会の安全を脅かしたり，何らかの不利益をもたらす可能性がある場合
- 顧客や利用者に対して提供している業務やサービスの中断を伴う可能性がある場合，又は既に中断している業務やサービスを再開する場合
- 株主の投資判断に影響を及ぼす可能性がある場合
- その他社会的，外交的に重大な影響を及ぼす可能性がある場合

4.2.7 指揮・統制の資源

"4.2.1 一般"で言及されているように，この規格では指揮・統制システムを，体制，プロセス，及びこれらを実現するために必要となる資源の三つに分けて整理している．本項ではこれらのうち資源に関する要求事項を定めている．

(1) 要求事項の要約

- 組織は，意思決定及び機材の運用のための適切な場所を定め，そのための施設（例えば指揮所等）を設置しなければならない．
- 組織は，各種資源が必要な時に利用可能で，かつ必要とされる機能を満たすことを確実にするためのプロセスを確立しなければならない．

(2) 規定事項の解釈

まず，指揮・統制の体制及びプロセスを実現するために必要となる資源にはどのようなものがあるかを明らかにしておく必要がある．

一般に経営資源とは"人・モノ・カネ・情報"といわれるが，特に危機対応に必要な資源について，規格の中に具体的な言及はないので，指揮・統制に含まれる任務として"4.1 一般"に記述されているものと，指揮・統制プロセスに含まれることが望ましい機能として"4.2.5 指揮・統制プロセス"に記述されているものを参考に，これらに必要と思われる資源を以下に例示する．実際に必要となる資源は組織によって異なるが，これらを参考にして自組織での準備を進めていただきたい．

a) 人的資源
- 指示，命令，判断，承認のための権限及び責任をもつ役職者
- 業務に必要な知識，技能，資格をもつ職員

b) 物的資源
- 建物（会議室，作業場所，物資保管場所，休憩・居住場所等）
- 情報システム（コンピューター，メールシステム，ネットワーク，緊急事態対応のためのシステム等）
- 筆記用具
- 通信機器（電話，FAX，無線機，携帯電話等）
- 拡声器
- 移動手段（自動車，オートバイ，自転車，トラック等）
- 応急処置用の医療物資
- 食糧，飲料水
- 衛生資材（トイレ，洗面用具，清掃用具等）

c) 資 金
- 緊急対応で必要と見込まれる現金

d) 情 報
- 危機対応手順，マニュアル，チェックリスト

- 従業員や関係者の名簿
- 危機対応において連絡をとる必要がある相手の連絡先（経営層及び幹部職員，重要な顧客やステークホルダー，行政組織，医療機関，マスメディア等）

　規格では，これらのような資源が，必要なときに利用可能かつ必要機能を充足させる状態を維持することを求めている．平常時においては，食糧のように保管期限がある物資の入替えや補充，携帯電話や無線機など電子機器の充電，機材の定期的なチェックや動作テスト，情報の更新等が必要になる．いざというときに使い物にならない，という事態を避けるために，このような維持管理業務を特定の部署の役割として割り当て，維持管理状況を定期的にチェックする仕組みを作るべきであろう．

　また，規格では"意思決定及び機材の運用のために適切な場所に施設を設ける"ことが求められている．これは多くの組織で"緊急対策本部"もしくは"災害対策本部"と呼ばれる場所を指す．この設置場所に関して具体的な要求事項は定められておらず，既存の建物や設備を利用しても，仮設の建物等を利用しても構わないので，自組織の危機対応に求められる機能や，想定される被害状況においても利用可能か，等を勘案して適切な場所を選定する．大規模な自然災害などを考慮して，より冗長性をもたせたい場合は，予定していた対策本部設置場所が使用不可能な場合に備えて，予備の場所を選定しておくのが望ましい．

4.3 人的要因

　いかに優れた指揮・統制システムが整備され，準備されていたとしても，実際の危機対応において，そのシステムを用いて実際に指揮・統制を行うのも，それに従って活動するのも人間である．したがって，指揮・統制システムの設計やその運用においては，関係者の安全・衛生の確保，危機対応に従事する要員の能力の把握・向上，人為的ミスによる失敗の防止といった観点が不可欠で

ある．本節ではこのような人的要因（human factor）について，まとめて記述されている．

なお，組織間での連携における人的要因については，箇条 6 "協力及び連携に関する要求事項" においても "6.5 人的要因" という節を設けて規定されているので，こちらもあわせて参照されたい．

（1） 要求事項の要約

- 危機対応活動は，当該文化に受け入れられる形で，被災者のニーズに即して実施しなければならない．
- 組織は，次のような人的要因について検討し，適切な処置を講じなければならない．
  ー作業分担
  ー安全・衛生
  ー要員の交替
  ー人・機械・システム間のインタフェース設計
- 指揮・統制の体制，プロセス及び機材（特に，複数の組織で又は国境を越えて使用する場合）を規定及び設計する際は，能力レベル，文化的背景，語学力，業務手順などに関して利用者間に存在する相違について配慮しなければならない．
- 危機対応に関与する全ての人は，全体の業務体制のどこに自らが位置付けられるかを常に理解していなければならず，また，教育訓練及び演習を通して，自らが管理する各種資源を使いこなせるだけの適切な力量を備えていなければならない．
- 人・システム間のインタフェースを設計する際は，まず使用者の能力，特性，制約，技能，及び業務ニーズを検討しなければならない．
- 危機対応に関わる人が訴える精神的，感情的，及び心理的ストレスに対応するため，適切な対策を講じなければならない．

(2) 規定事項の解釈

　本節における要求事項として最初に記述されているのは，危機対応の対象（被災者）に対する配慮である．大規模な自然災害において，多数の被災者が広範囲に存在する場合においても，事故現場等で比較的少人数の人員を救助する場合においても，相手のニーズや心情，文化や価値観の違い等を考慮する必要がある．例えば，苦痛や恐怖感を和らげる工夫や，プライバシー面での配慮，相手のニーズにあわせた食事の提供等が考えられる．特に近年は，大規模災害において国境をまたいで救援活動が行われるケースが増えているため，このような観点がますます重要になってきているといえる．

　次に，作業分担，安全・衛生，要員の交替，人・機械・システム間のインタフェース設計の四つの人的要因について，適切な処置を講じることが求められている．最初から三つ目までは組織マネジメントとして考えるべきものであり，具体的には"4.2.2　役割及び責務"，"4.2.3　指揮・統制体制"に基づいて指揮・統制体制を構築する際や，"4.2.5　指揮・統制プロセス"に基づく活動を実施する際に，人的要因として検討すべき内容が記述されている．

　作業分担については，作業量の負荷が偏らないよう配慮すると同時に，要員のもつ知識や能力に応じて適材適所で人員を割り当てる必要がある．前述のICSにおける組織体制（図2.1）では機能別にユニットが分けられているので，各ユニットに求められる知識や能力に応じて，それに見合う要員を配置する（もしくは，それに見合う教育訓練を実施する）．

　安全・衛生の観点では，物理的な危険を伴う場所や作業を避けることはいうまでもないが，引火や爆発のリスクがある危険物や有毒物質等が存在する場所であれば，状況を把握したうえで危険物の専門家等のアドバイスを受けるなど，二次災害を防止するための対策を講じるべきである．特に人の命がかかっているような緊急事態においては，危険を認識していながらあえて救出を試みるような行動が発生しやすいと考えられる．このような行動を防ぐために，緊急対応組織の中に，独立した安全監督者を置いて監視させることが望ましい．前述のICSでは指揮調整者の直轄という形で配置される"安全担当"や，"事

案処理部門"に配置される"危険物処理"(英語では"hazardous material"というため,略してHAZMATと呼ばれる)担当がこの役割を担っている.また過去の災害対応において,悲惨な現場を目の当たりにしたり,目の前で被災者や同僚が死亡する等の経験をした人が,心的外傷後ストレス障害(PTSD)の症状を訴える例が多数報告されており,これを防止又は早期発見して対処するために,カウンセラーを配置する等の対策を講じるケースも増えてきている.

　要員の交替は,長期間従事することによる疲労の蓄積を防ぐために不可欠である.ICSにおける指揮・統制プロセス(図2.3)では,1サイクルを8～12時間で回して要員を交替させることが推奨されている.精神的苦痛や心理的ストレスを伴う業務については,より短時間で交替させる等の配慮も必要であろう.また交替させた要員を十分休養させるために,安全な休息場所,就寝場所の確保も必要となる.

　四つ目に記述されている,人・機械・システム間のインタフェース設計については,要求事項として"使用者の能力,特性,制約,技能,及び業務ニーズを検討しなければならない"と記述されているほか,"特に禁じられていない限り,人・機械・システムの関係において,人間のオペレータが最も高い権限をもつこと"が推奨されている.これは,あくまでも人の能力を活かすために機械を使うのであり,人が機械に使われるようなことがあってはならない,という考えがベースになっている.また,たとえ機械やシステムが発達したとしても,それを使いこなす能力がなければ,効果的な危機対応は望めないのであり,機械やシステムに甘えることなく教育訓練によって力量の向上に努めなければならない.

　また,これら四つの人的要因に加えて,指揮・統制体制及びプロセスを規定する場合や,機材を設計する場合には,"要員の能力レベル,文化的背景,語学力,業務手順などに関して利用者間に存在する相違"について配慮することが求められている.これは国境や地域を越えて活動する場合や,複数の国・地域から派遣されたメンバーで合同の対応チームを編成する場合に特に重要にな

る．また日本人にはわかりにくいかもしれないが，海外では軍や消防，医療等の緊急対応チームに外国人や外国出身の要員が含まれることが珍しくないため，このような観点が不可欠である．

なお，規格では特に具体的な記述がないが，人為的ミスの防止についても十分な検討と対策が必要であろう．人為的ミスの防止については，危機対応以外の分野でも様々な研究や取組みがされているが，特に危機対応においては，時間的余裕がない場合が多いこと，緊張した状況下で作業を行うこと，普段と違う不慣れな作業を行うこと等，人為的ミスを誘発する条件が多い．

対策としては，十分な教育訓練や練習を実施することはもちろんのこと，初めて見る人にもわかりやすい手順書を整備したり，使用する機材の識別をしやすくする工夫（ラベル表示等）等が考えられる．また危機対応で使用される機器については，操作ミスが発生しにくい機構にしたり，操作ミスが発生しても機械の側でトラブルを未然に防ぐフェールセーフなどの機能を備えることが望ましい．

もちろん前述の作業分担，安全・衛生，要員の交替といった組織マネジメントの工夫によって，要員の肉体的・精神的な負担を軽減し，集中力を維持できる環境を整えることが，人為的ミスの防止にも有効であることはいうまでもない．

5 活動情報に関する要求事項

5.1 一　般

　活動情報（operational information）とは，危機対応活動を効果的に管理及び実施するために必要となる情報であり，組織間の連携を可能にするための情報と定義できる．これらは，状況認識の統一，資源の手配，さらに活動の調整などの支援に必要な情報である．

　日本語ではすべてを"情報"という一言で表現するが，英語ではインフォメーション（information，一次情報として何も加工されていない情報）とインテリジェンス（intelligence，付加価値のある情報）を，その内容や活用の方法の違いから使い分けている．中国語でも"信息"がインフォメーション，"情報"がインテリジェンスにそれぞれ対応し，使い分けがなされている[3]．ISO 22320（JIS Q 22320）における活動情報はインテリジェンスに近く，様々な情報（インフォメーション）を取捨選択して，組織として危機対応活動に必要な情報（インテリジェンス）に変換することが重要である．

　危機対応には，柔軟性と即応性が必要であり，それをどう確保するかが危機対応時の情報処理の基本となる．危機対応でやるべきことは，過去に経験したことのある対応と，経験したことのない想定を超えた危機への対応とで異なる．前者には事前に策定した対応計画で対応し，後者には，指揮・統制者が迅速に集まって新たに対応計画を作り直すことが重要となる．どちらの場合もプランニングプロセスが重要である．多くの場合，事前に作成した対応計画をそのまま実行できるようなことはほとんどないため，対応計画を策定した経験を活かし，現場で迅速かつ柔軟に対応計画を作り直すことができるようにしておく必要があるからである．

　活動情報は，事案の性質，発生場所，とられた危機対応活動に関する情報を処理した結果であり，図2.4（規格内では図2）に示す活動情報提供プロセスの中で用いられる．また，活動情報は，建物，社会基盤などのインフラ，各種

ハザードマップなど地理空間上に位置付けられ，危機が起こる前から事前に収集が可能な情報である"静的情報"と，被害状況や復旧状況など，事案の性質や時間経過によって変化する危機発生後にしか収集できない"動的情報"に分類される．

　危機対応活動において重要なのは，あらかじめ静的情報を整理したうえで，災害後の動的情報をできるだけ集めて，静的情報の上にはめ込むという仕組みを整えることであり，動的情報を集めるフォーマットと受け取る枠等をあらかじめ作っておくことが，危機対応時の情報処理を成功させる要因となる．このような事前の準備をできる限り行っておくことで，情報処理を圧倒的に速く実行できるようになる．

　活動情報は，状況を把握するための基礎情報であり，その活用により活動目的の達成が促進される．活動情報の作成，統合，発信は，箇条4の指揮・統制の必須要素でもある．

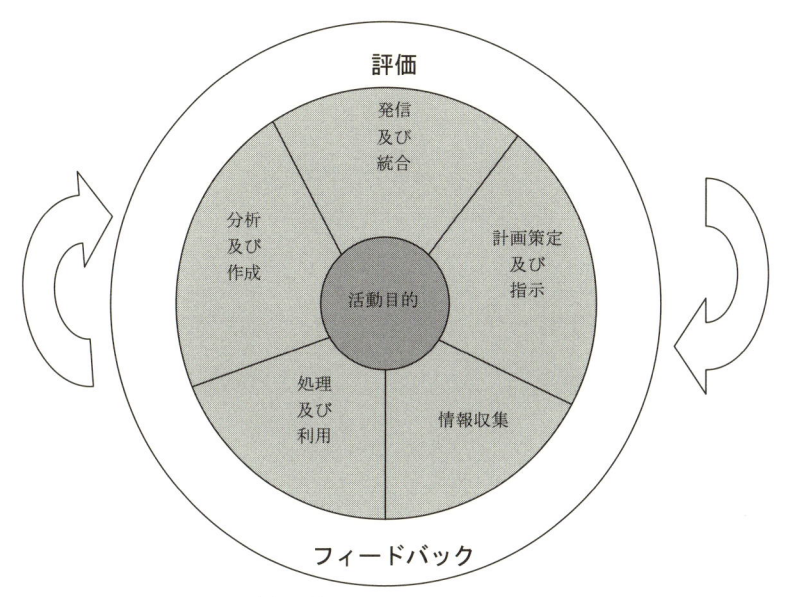

図 2.4　活動情報提供プロセス（JIS Q 22320:2013 内の図 2）

5.2 活動情報提供プロセス

5.2.1 一　般

　危機対応活動を効率的に実施するために，組織は，前出の図 2.4 に示すように，活動情報を提供するプロセスを確立する必要がある．このプロセスは，危機対応時に継続的に実行される必要があるほか，危機対応活動時に初めて確立するのではなく，平常時からプロセスを確立しマニュアル化しておくとともに，訓練等を通してプロセスの改善を常に行っておくことが望ましい．

（1）　要求事項の要約

> ● 組織は，活動情報を提供する継続的プロセスを確立しなければならない．これには，次の活動が含まれる．
> a)　計画策定及び指示
> b)　情報収集
> c)　情報の処理及び利用
> d)　情報の分析及び作成
> e)　情報の発信及び統合
> f)　評価及びフィードバック
> 注記　これらの活動は，同時進行させることもできる．

（2）　規定事項の解釈

　危機対応活動において，活動情報を提供する継続的プロセスを確立するにあたっては，まず図 2.4 の中心に記載されている，"活動目的"を策定する必要がある．危機対応活動には，命を守る，生活を守る，生活を再建する，危機の影響から回復する等の目的があり，活動目的を明確にすることによって，関連する機関がどこで，どのような情報が要求されているのか等の要求条件が明確になる．つまり，組織は，危機対応活動を実施する際に，当面の対応計画に則

り，最初にいくつかの活動目的を策定しなければならない．

例えば"避難所に職員を派遣する"という活動目的を設定した場合を考えてみる．この場合，情報として，設置された避難所の名前，位置（住所，経緯度）等が求められるが，単に"避難所の情報を集める"のではなく，"避難所に職員を派遣するため，設置された避難所のリストを作成する"という具体的な活動目的を提示することが重要である．また，"避難所に物資を送る"ことが活動目的であれば，求められる情報は，避難者の人数，属性（年齢，性別など）になる．このように活動目的を明確にすることによって，必要な情報が具体的になり，情報源，情報項目，期限，報告方法など，具体的な計画策定と指示が行えるようになる．

活動目的を定めたあとは，その目的を達成するため，どの部署が担当し，いつまでにどのような種類の情報を収集するのかなどの"a)計画策定及び指示"を出し，その計画に従って"b)情報収集"を行い，使える情報を増やしていく．情報は様々な形式で収集されるため，それらを標準化し，活用できる形式に処理するために，情報規格をあらかじめ統一しておくことも必要である．

次に，活用できる形式に処理した情報の中から使える情報を選んで活用する"c)情報の処理及び利用"を行い，"d)情報の分析及び作成"によってレポート化し，さらにそれを"e)情報の発信及び統合"によって関係組織間で共有する．その結果，次の目的に従って新たな計画を策定し，さらに情報収集を実施する．また，これらと並行して，"f)評価及びフィードバック"の各活動を継続的に実施し，品質を向上化させる．

以上の六つのステップが循環する枠組みで活動情報処理を行うことで，迅速な危機対応活動を行うことができるようになる．また，注記にあるように，これらの活動は，同時進行させることも可能である．以下，ここで示されたa)〜f)のそれぞれの活動について詳細に説明する．

5.2.2 計画策定及び指示

前出の図 2.2 に記載されている指揮・統制プロセスを実行するための一要素として，組織は，活動情報を提供するための計画と準備を行うとともに，各関係機関に指示する必要がある．

（1） 要求事項の要約

- 情報活動は，指揮・統制プロセスの一部として計画し，準備しなければならない．
- 次の活動を含まなければならない．
  - a) 危機対応業務を実施するための指示及び達成目標の提示
  - b) 効率的な意思決定を促すための，主要な問題の特定
  - c) 収集方法と成果物に関する指針も含めた情報収集計画の策定
  - d) 情報の保管，利用，アクセス権，及び制限に関する計画策定（データベースの設計，データ様式，通信手段など）
  - e) 関係組織がもつ情報ニーズの確認
  - f) 必要とされる情報に関する時間的制約の確認
  - g) 発信に関する要求事項及び手順の決定（技術的及び非技術的）
  - h) 活動情報の処理に関わる人材配置計画の策定
  - i) 情報処理装置及びその操作管理に関する計画の策定

（2） 規定事項の解釈

計画策定及び指示を実施するにあたっては，まず，"a) 危機対応業務を実施するための指示及び達成目標の提示" を実施する必要がある．これは，達成すべき具体的な目標を明確に提示することで，全関係機関の意識を統一するために必要なことである．次に，"b) 効率的な意思決定を促すための，主要な問題の特定"，及び "c) 収集方法と成果物に関する指針も含めた情報収集計画の策定" を実施しなければならない．これらの活動は，目標を達成するにあたって

の問題の把握と，目標達成に必要となる情報の種類を明確化し，情報収集方法等に関する計画を立てることを意味している．

"d)情報の保管，利用，アクセス権，及び制限に関する計画策定"に関しては，危機対応活動時に初めて検討するのではなく，平常時からプロセスを確立するとともにマニュアル化しておくことが，情報処理の効率化のためにも望ましい．また，マニュアルに沿った仕様でICTシステムの整備を行うとともに，訓練等を通してプロセスを検証し，マニュアルやICTシステムの改善を常に行っておくことが望ましい．特に，情報を作成する際の様式や，各情報の単位，さらに情報へのアクセス権や利用制限等について関係機関間で事前に合意しておかないと，例えば個人情報や機密情報の流出や支援物資の過不足など，実際の危機対応活動時に大きな混乱が発生する可能性が高い．

さらに，"e)関係機関がもつ情報ニーズの確認"，"f)必要とされる情報に関する時間的制約の確認"という，情報に関するニーズと制約条件の明確化を行う必要がある．特に"5.1 一般"で述べたように，動的情報には時間的制約（いい換えると賞味期限）があることにも注意が必要である．

"g)発信に関する要求事項及び手順の決定"，"h)活動情報の処理に関わる人材配置計画の策定"，及び"i)情報処理装置及びその操作管理に関する計画の策定"という，収集した情報の発信や処理に関する管理・運用面での対応計画と，ICTシステムの操作管理に関する対応計画も必要である．これらも平常時からマニュアル化とICTシステムの整備を行っておくとともに，訓練等を通してプロセスやICTシステム改善を常に行っておくことが望ましい．

5.2.3 情報収集

情報収集活動においては，活動情報の取得に関連し，例えば，方向性並びにいつ，どこで，どの情報源から確認するか，などの活動が含まれる．

(1) 要求事項の要約

> ●次の活動を含めなければならない．
> a) 入手可能な情報源の確認
> b) 情報の取得
> c) 情報源及び入手時刻の特定も含め，入手した情報の登録及び記録

(2) 規定事項の解釈

情報収集に関しては，まず"a)入手可能な情報源の確認"を実施し，その情報源から"b)情報の取得"を行う．また，入手した情報に対しては，"c)情報源及び入手時刻の特定も含め，入手した情報の登録及び記録"を実施する．これらの情報の登録及び記録に関しては，可能な限りあらかじめ用意されたICTシステムへ登録することが望ましい．ICTシステムへ登録することで，遠隔地への共有や，情報の紛失予防，集まった情報の自動的な加工や報告書作成等が容易にできるようになるためである．従来から行われているホワイトボードや紙媒体への記録は必要ではあるが，情報処理を効率的に行うためにはICTシステムの活用が望ましい．さらに，情報源，入手経路，入手時刻の特定などは，次項の情報の処理及び利用にも関連する項目であるが，取得した情報の管理において重要な項目である．

5.2.4 情報の処理及び利用

収集した情報の処理及びその利用の過程において，収集した情報は，あらゆる階層の意思決定者及びその他活動情報を必要とする利用者が容易に使用できるような形式に変換されている必要がある．

(1) 要求事項の要約

> ●次の活動を含めなければならない．

> a) 効果的な発信をするために適切な書式への情報の適合
> b) 情報の初期段階評価（妥当性及びその情報源の信頼性の評価）
> c) 無用，無関係，及び不正確な情報の排除
> d) 情報発信レベルの明示（機密性のレベルも含む）
> e) 情報の信ぴょう(憑)性の評価

(2) 規定事項の解釈

　収集した情報の処理及び利用においては，まず，"a)効果的な発信をするために適切な書式への情報の適合"を行うため，情報を変換する必要がある．情報発信に用いる手段は，利用者のニーズ，活動情報の影響及び重要性並びに利用可能な伝送手段によって変わってくるが，あらかじめこれらの手段を整理したうえで，それぞれの手段に応じて必要な変換手段を用意しておくことが望ましい．

　また，情報の処理に際しては，情報の妥当性及びその情報源の信頼性の評価として，"b)情報の初期段階評価"を実施する必要がある．さらに，多くの情報の中から必要な情報のみを絞り込んで活用しやすくするために，活動目的に対して"c)無用，無関係，及び不正確な情報の排除"を実施する必要がある．また，情報の閲覧・利用（開示）範囲などを設定した"d)情報発信レベルの明示"を実施し，前述の情報源の信頼性評価に加え，"e)情報の信ぴょう(憑)性の評価"も実施しなければならない．

　情報源の信頼性の評価と情報の信ぴょう(憑)性評価の例を，それぞれ表2.3及び表2.4（規格内では附属書Aの表A.3及び表A.4）に示す．

　表2.3は，情報源の信頼性の格付けの一例であるが，"完全に信頼できる"とするAから，"信頼できるかどうか判断できない"とするFまで6段階で情報に格付けを付加する．

　表2.4は，情報の信ぴょう(憑)性格付けの一例であり，"他の情報源によって正しいことが確認されている"とする格付け1から，"判断不能"とする格付け6までの6段階の格付けを実施する．

　表2.3及び表2.4の例に示す評価尺度は，正確さの程度を段階的に表してい

表 2.3 情報源の信頼性を格付けする方法の例
（JIS Q 22320:2013 内附属書 A の表 A.3）

格付け	説明
A	"**完全に信頼できる**"―自信をもって信頼することのできる十分に試行された情報源．極めてまれ(稀)にしかない．
B	"**通常は信頼できる**"―これまで有効であったが，依然として特定の場合においていくらかの疑義が残る情報源．国連機関，軍（又は軍に近い機関），幾つかの主要な NGO など，誠実と考えられている情報源が当てはまる．
C	"**ある程度信頼できる**"―これまで時折使ったことのある情報源で，その結果からある程度信用をおけるもの．一部の報道機関及び一部の NGO が該当する．
D	"**基本的に信頼できない**"―これまで使ったことのある情報源だが，信頼できないことのほうが多いことが判明した情報源．一部の報道機関及び一部の NGO が該当する．
E	"**信頼できない**"―これまでの利用実績から信用に値しないことが証明された情報源．
F	"**信頼できるかどうか判断できない**"―まだ使ったことのない情報源．

表 2.4 情報の信ぴょう(憑)性を格付けする方法の例
（JIS Q 22320:2013 内附属書 A の表 A.4）

格付け	説明
1	"**他の情報源によって正しいことが確認されている**"―その情報を元々報告したところとは別の情報源がその情報は間違いないと確認した場合．
2	"**かなり正しい**"―報告された情報の核心部分について，別の情報源が間違いないと確認する場合．通常，航空画像はこの分類に含まれる．
3	"**たぶん正しい**"―報告された事実又は行為に関する調査からは更なる情報は得られなかったが，その情報が過去の行為又は入手可能な背景情報と整合している場合．
4	"**疑わしい**"―情報が，過去に報告され，妥当性が確認された情報と一致しない傾向を示す場合．
5	"**ありえない**"―情報が，過去に報告され，妥当性が確認された情報と明らかに矛盾する場合．
6	"**判断不能**"―新たに報告された情報が，比較できる情報をもたない場合．1～5 に当てはまらない場合に利用される．無理をして 1～5 の格付けをするよりも，6 と格付けするほうがよい．

るわけではなく，単に，受け取った情報の信ぴょう(憑)性を形式化したものである．情報源の信頼性の格付けと情報の信ぴょう(憑)性の格付けは相互に独立したものであり，二つを組み合わせて情報の総合的な評価を示すものである．例えば，信頼できない情報源（E）が，他の情報源でも確認される正確な情報を提供するかもしれない．この場合は，その情報の格付けはE1となる．さらに，F6と評価された情報であっても，実は正しいという可能性もあり，自己の判断で破棄しないことが望ましい．

5.2.5 情報の分析及び作成

情報の処理及び利用の後は，分析及び作成の過程となり，次のような要求事項が定められている．

（1） 要求事項の要約

- 情報の分析及び作成の過程において，使用可能な処理済みの全ての情報は，活動情報を作成するために，統合し，評価し，分析し，解釈される．そのアウトプットは，指揮・統制者の優先要求事項又は情報提供の依頼を満たさなければならない．
- この段階では，次の活動を含めなければならない．
  a) 情報の改訂
  b) 情報の優先順位付け及び分類
  c) 情報の照合，組立及び合成
  d) リスクの特定及びリスク分析
  e) 予想される結果の推定及び傾向の推論
  f) 提案，推奨事項，報告，及びその他の情報処理アウトプットの作成

（2） 規定事項の解釈

情報の分析及び作成において，スタッフは，必要に応じて"a)情報の改訂"

を行い，"b)情報の優先順位付け及び分類"を実施し，指揮・統制者の優先要求事項又は情報提供の依頼に応えるため，"c)情報の照合，組立及び合成"を行わなければならない．

また，要求事項に記載のとおりであるが，"d)リスクの特定及びリスク分析"を行ったうえで，"e)予想される結果の推定及び傾向の推論"を行い，最終的に"f)提案，推奨事項，報告，及びその他の情報処理アウトプットの作成"を行うことで，指揮・統制者の優先要求事項又は情報提供の依頼に対応する．

これら情報の分析・作成においても，前述のように可能な限り平常時からプロセスを確立するとともにマニュアル化しておくことが望ましい．また，マニュアルに沿った仕様でICTシステムの整備を行うとともに，訓練等を通してプロセスを検証し，マニュアルやICTシステムの改善を常に行っておくことが望ましい．ただし，すべての事象に対してあらかじめ準備し対応することは困難であるため，新たな事象に対しても柔軟に対応できるような仕組みを整備することが望ましい．

5.2.6　情報の発信及び統合

情報の発信及び統合の過程において，活動情報は，分類されたうえで意思決定者及びその他の利用者に提供され，利用される．また，活動情報は，様々な手段によって発信される．発信手段は，利用者のニーズ，活動情報の影響及び重要性並びに利用可能な伝送手段によって決まる．

(1)　要求事項の要約

- ●情報の発信及び統合に際しては，次の活動を実施しなければならない．
  - ―特定の要求事項（技術的及び／又は非技術的）に準拠した発信．この手順を確立し，文書化し，活動情報の利用者全てが閲覧できる状態にすることが望ましい．
  - ―利用者がもつ状況認識への活動情報の組込み

（2） 規定事項の解釈

　特定の要求事項（技術的及び／又は非技術的）に準拠した発信とは，利用者のニーズ，活動情報の影響及び重要性などの要求条件によって決定される手段を用いて情報発信することである．利用者には，組織内の指揮・統制者から各スタッフ，関連組織のほか，企業における顧客から一般市民まで幅広く存在する．発信手段には，組織内であればあらかじめ用意された各種 ICT システム（電話，電子メール等も含む）が存在する．また，例えば，国の機関や地方公共団体から一般市民に対する緊急情報の発信手段としては，J-Alert，公共情報コモンズ，エリアメール（NTT ドコモ）や緊急速報メール（au），あるいは市町村防災行政無線などが存在するほか，緊急性の少ない広報レベルの情報であれば，記者会見や報道発表，ホームページでの公開等の手段が存在する．

　要求事項では，利用者のニーズや，即時性が必要か否かなど活動情報の影響及び重要性などの要求条件に応じて，あらかじめ情報の発信手順を確立しておくとともにマニュアル化し，利用者すべてが閲覧できるようにすることが望ましいとしている．

　利用者がもつ状況認識への活動情報の組込みとは，発信された情報がその後も有効な情報として価値をもち，状況認識に活用されることを意味している．例えば，利用者がもつ ICT を活用した状況認識のシステムへ，自動的に発信した活動情報が組み込まれることによって，利用者の状況認識が定期的に更新される場合である．これを実現するためには，"5.2.2　計画策定及び指示" で述べたように，活動情報の様式や，各情報の単位などが統一されている必要がある．これらも危機対応活動時に初めて実施するのではなく，平常時からプロセスを確立するとともにマニュアル化し，訓練等を通して，プロセスや ICT システムの改善を常に行っておくことが望ましい．

5.2.7　評価及びフィードバック

　前出の図 2.4 の活動情報提供プロセスの周囲に記載されている評価及びフィ

ードバックの過程において，組織は，活動情報を生み出す各活動がうまく実行されているかを確認するため，あらゆる階層で評価を行う必要がある．また，組織は，評価結果及びフィードバック内容に基づいて活動情報提供プロセスを改善するため，必要に応じて，是正処置に着手することが望ましい．

5.3 活動情報提供プロセスの評価基準

活動情報提供プロセスの評価基準としては，次のような要求事項が記載され，10項目の評価基準が明記されている．

（1） 要求事項の要約

- 組織は，活動情報提供プロセスの各活動を実施する中で，次に示す評価基準を確実に満たすように検討しなければならない．
- 組織は，活動情報提供プロセスの中で，次の評価基準を確実に満たすように検討しなければならない．
  - ―品質
  - ―全体的な見通し
  - ―計画活動の同期
  - ―完全性
  - ―連携及び協力
  - ―優先順位付け
  - ―予測
  - ―即応性
  - ―協働
  - ―融合

（2） 規定事項の解釈

活動情報提供プロセスの評価基準としては，品質，全体的な見通し，計画活

動の同期，完全性，連携及び協力，優先順位付け，予測，即応性，協働，及び融合が記述されているが，詳細は附属書 B に記載されている．このため，次節において詳細を説明する．

5.4 活動情報提供プロセスの評価基準（附属書 B）

> ISO 22320:2011（JIS Q 22320:2013）に 5.4 節は存在しないが，本書では，本節を追加する形式でこの規格の附属書 B について解説することとする．

5.4.1 一 般（B.1）

附属書 B では，"5.3 活動情報提供プロセスの評価基準"について，より詳細な事項及び要求事項を規定している．ここでは，10 項目の各評価基準について説明する．

5.4.2 品 質（B.2）

アウトプットの品質は，対応業務を成功させたり，指揮・統制者が的確な意思決定を行ううえで最も重要な指標となる．品質に関する評価基準には，次に示す八つの特徴が規定されている．

(1) 要求事項の要約

- 最高水準の品質を実現するため，活動情報は次の特徴を備えたものでなければならない
    a) **先行性** 活動情報は，業務を計画し，意思決定するための基礎を提供するための，指揮・統制者のニーズを先取りしたものであること．ニーズの先取りには，スタッフが，現在及び潜在的な達成目

標，並びに関連する活動環境の全体像を認識し，完全に理解することが求められる．

b) **時宜性** 活動情報は，指揮・統制者が必要なときに利用できるものであること．時宜を得た活動情報は，指揮・統制者が，活動対象地域で起きる事象を予期することを可能にさせる．これによって，指揮・統制者は，任務遂行において最大の効果を発揮する時期を選ぶこと，及び予期しない出来事を回避することができる．

c) **正確性** 活動情報は，正確であり，事実及び実際の状況の正しい認識を伝達し，利用できる全ての情報を正常に評価することに基づく最良の状況予測を提供するものであること．活動情報のアウトプットの正確さは，最も信頼できる情報源の情報を一層重視することによって向上することもある．情報源の信頼性は，フィードバックプロセスを通じて評価することが望ましい．

d) **使いやすさ** 活動情報は，指揮・統制者の具体的なニーズに合わせて作成され，即座に理解できるような形式で提供されるものであること．指揮・統制者は，活動情報を，目の前にある任務に対して，迅速に適用できなければならない．提供する活動情報が役に立つものとなるには，アウトプットが使われる状況を作成者が理解する必要がある．

e) **包括性** 活動情報は，指揮・統制者の疑問にできる限り完全に答えるものであること．依然として何が未知であるかも指揮・統制者に示すものである．

f) **関連性** 活動情報は，計画策定及び目の前にある業務の実施に関連するものであること．また，指揮・統制者が達成目標を支援するものであること．活動情報は，指揮・統制者が状況を理解する際に役に立つものであるが，逆に，現在の活動にとって重要度が最低限又は全くない活動情報を提供して，指揮・統制者に負担をかけないこと．

> 注記1　指揮・統制者は，活動目的及び戦略を，活動情報を扱うスタッフに伝達する．状況の進展に伴い，要求事項は更新され，改善される．
>
> g) **客観性**　活動情報は，偏りがなく，ゆが(歪)められず，先入観に左右されないものであること．
>
> h) **利用可能性**　活動情報は，指揮・統制者が容易に利用できるものであること．利用可能性は，適時性及び利便性の側面だけではなく，適切な機密レベルの設定，相互運用性，及び連結性の側面にも作用する．
>
> 注記2　活動情報は，機密レベルを最も低く設定し，情報提供に関わる制約条項を最小限にすることによって，利用しやすさを最大限にする．

(2) 規定事項の解釈

活動情報は，最高水準の品質を実現するため，八つの特徴を満足するものでなければならない．活動情報の品質を向上させるためには，指揮・統制者は，活動目的及び戦略を，活動情報を扱うスタッフに伝達し，完全に理解させる必要があり，状況の進展に応じて，内容を更新する必要がある．

各特徴を簡単にまとめると，次のようになる．

a) **先行性**

先行性（予測性）を実現するためには，関係するスタッフが達成目標と活動の全体像を認識，理解することが重要であり，そのうえで指揮・統制者のニーズを先取りし，指揮・統制者が適切な意思決定，判断ができるように活動情報を提供する必要がある．

b) **時宜性**

活動情報は，指揮・統制者が必要なときに利用できるように提供する必要がある．時宜を得た活動情報により，指揮・統制者が，事象を予期することが可能になる．

c) 正確性

　　正確な活動情報により，事実及び実際の状況の正しい認識が伝達され，利用できるすべての情報を正常に評価することで最良の状況予測ができるようになる．

d) 使いやすさ

　　活動情報は，指揮・統制者の具体的なニーズにあわせて作成され，即座に理解できる形式で提供される必要がある．

e) 包括性

　　活動情報は，指揮・統制者の疑問に対し答えを導き出すものであるほか，何が未知であるかも示すものであること．

f) 関連性

　　活動情報は，計画策定及び目の前にある業務の実施に関連するものであること．また，指揮・統制者の達成目標を支援するものであること．

g) 客観性

　　活動情報は，偏りがなく，ゆが(歪)められず，先入観に左右されないものであること．

h) 利用可能性

　　活動情報は，指揮・統制者が容易に利用できるものであること．

これらの品質に関する評価基準の特徴に関しては，危機対応活動時に初めて検討するのではなく，平常時から必要な活動情報の抽出，整理，フォーマット作成等を行っておくことで，一定の品質を担保することが可能となる．また，訓練等を通して常に品質向上に向けた改善を行っておくことが望ましい．

5.4.3　全体的な見通し（B.3）

活動情報提供プロセスの評価において，危機対応業務を成功に導くためには，全体的な見通しも一つの評価基準となる．

(1) 要求事項の要約

> ● 活動情報は，直面する状況についての包括的理解をもたらすものである．関連する目標及び戦略を明確に立てること，並びに活動の決定，計画，及実施をすることが対応業務を成功に導く助けとなることを考慮に入れ，課題として認識することが不可欠である．

(2) 規定事項の解釈

要求事項にあるように，常に全体的な見通しを立てることを課題として認識し，直面する状況についての包括理解を心がけることが危機対応業務を成功に導くためには重要である．

5.4.4 計画活動の同期（B.4）

活動情報提供プロセスにおいて，危機対応活動及び計画に同期するように情報要求に対してタイミングよく活動情報を提供する必要があり，計画活動の同期も一つの評価基準となる．

(1) 要求事項の要約

> ● 活動情報は，支援する決定事項に影響を及ぼすために，情報要求に対して間に合うように回答し，危機対応活動及び計画に同期させなければならない．活動情報のアウトプットを意思決定及び決定事項の実行に組み込むことを可能にするために，活動情報処理の各ステップ（計画策定及び指示，情報収集，処理及び利用，分析及び報告作成，発表）は十分な時間的余裕をもって完了させなければならない．
> ● 危機対応活動及び計画に同期させる試みの中でよく起こる失敗である，活動情報の"遅延"を回避するため，意思決定を支援する活動情報の作成には，十分な時間的余裕をもつことが望ましい．

(2) 規定事項の解釈

危機対応活動及び計画においては，情報要求に対して遅延することのないよう活動情報を同期させることが重要である．これを実現するためには，活動情報処理の各ステップ（計画策定及び指示，情報収集，処理及び利用，分析及び報告作成，発表）が十分な時間的余裕をもって完了するよう，計画を立てるとともに，活動情報を扱うスタッフで共有，理解することが重要である．

5.4.5　完全性（B.5）

完全性とは，事実を事実として扱い，表現することを意味しており，活動情報を特定の意図をもって加工したり操作してはならない．

(1) 要求事項の要約

- 完全性は，事実に基づき，その事実が事実として解釈され，表現されることを求める．活動情報の収集，作成及び利用に当たっては，望ましい結果，組織の立場，状況に対する先入観又はあらかじめ決められた目的，活動，活動の手段と合致させるために，方向性をもたせること又は操作することをしてはならない．

(2) 規定事項の解釈

活動情報提供プロセスの評価基準における完全性とは，事実が事実として解釈され，表現されているかを評価するものである．規定事項にあるように，先入観や望ましい結果等と合致させるために，活動情報を加工，操作してはならない．

5.4.6　連携及び協力（B.6）

関係機関との間での連携及び協力は，活動情報の収集や作成を効率的にする

ものであり，活動情報提供プロセスの評価基準としては必要不可欠なものである．

（1）　要求事項の要約

> ● 連携及び協力は，望ましい達成目標という共通の関心をもたらす．活動情報の収集及び作成における不要な冗長性及び重複を削減できることから，効果的な活動情報提供プロセスの確立にとって不可欠なものである．

（2）　規定事項の解釈

関係組織間での連携及び協力により，達成目標が共有される．これにより，活動情報の収集及び作成における重複等が削減され，共通目標達成のために活動情報提供プロセスが効率的になる．ただし，関係組織間での連携及び協力は，危機対応活動時に初めて実施するのではなく，平常時から協定を結ぶなどして連携するとともに，連携プロセスを確立しマニュアル化しておくほか，訓練等を通してプロセスや用語の統一等の改善を常に行っておくことが望ましい．

5.4.7　優先順位付け（B.7）

活動情報提供プロセスにおいて，情報の収集及び分析作業における優先順位付けも重要な評価基準である．

（1）　要求事項の要約

> ● 情報の収集及び分析作業における優先順位付けは，計画策定の重要な側面である．優先順位付けは，最も重要な任務を明確化すること，及びそれらの任務に対して利用可能な資源を適用することによって，要求事項に応え，より効果的にリスクを管理するという方法を提供する．

> ● 活動情報の利用者（例えば，指揮・統制者又は意思決定者）は，活動情
> 報のニーズ及びその相対的重要度を明らかにすることによって，優先順
> 位付けの取組みをリードすることが望ましい．

(2) 規定事項の解釈

要求事項にあるように，活動情報提供プロセスにおける重要な任務を，事案の深刻度，緊急度，影響範囲，必要リソースの規模や，他の事案との比較等，あらゆる側面から評価し，優先順位を付けることにより明確化し，適切な資源配分を行うことにより，効率的な対応業務を行うことが可能となる．

5.4.8 予　測 (B.8)

活動情報提供プロセスにおいて，今後の展開に関する予測も重要な評価基準である．

(1) 要求事項の要約

> ● 活動情報は，今後あり得る展開について予測も提供するものである．仮
> に，予測の基になる情報の中に不十分又は不確実な要素がある場合は，
> 活動情報を扱うスタッフは，指揮・統制者にその不十分な点を確実に認
> 識させなければならない．

(2) 規定事項の解釈

対応業務を遂行する中で，指揮・統制者は今後の展開に関する予測を行う必要があるが，活動情報を扱うスタッフも予測に必要な活動情報の要素を理解したうえで，必要に応じて指揮・統制者に情報の十分・不十分性を認識させる必要がある．しかし，危機対応活動時に初めて予測を行うのは困難であるため，平常時より訓練等を通してシミュレーションや過去の事例検証等を行っておくことが望ましい．

5.4.9 即応性 (B.9)

活動情報提供プロセスにおいて，不測の事態に対応するための即応性も重要な評価基準である．

(1) 要求事項の要約

> ●即応性を身に付けるための鍵は，あらゆる不測の事態にも対応できるように，事前の準備及び体制作りをすることである．このような状況の中で，即応性を維持するには，かなり高い意識及び洞察力が要求される．そのため，変化する状況，ニーズ，優先順位，及び機会に対応するため，活動情報の構造，方法論，データベース，及び成果物は，十分に即応であり，かつ，柔軟であることが望ましい．

(2) 規定事項の解釈

要求事項にあるように，即応性を高くするためには，事前の準備及び体制作りが重要であるほか，訓練等を通して経験を積んでおくことが望ましい．また，過去の事例やノウハウ等はいつでも活用できるようにICTシステムを活用するなどしてあらかじめ整備しておくことが望ましい．

5.4.10 協働 (B.10)

ここでの協働とは，"5.4.6 連携及び協力"（規格内では附属書BのB.6）とは異なり，活動情報の忠実度を高めるための外部組織の専門家との協働のことである．

(1) 要求事項の要約

> ●活動情報は，もともと，不完全なものである（すなわち，全てを知ることはできず，分析はごまかされやすく，情報には複数の解釈がつきやす

い）．これらの障害を回避し，忠実度を高めるために，特に外部組織に所属する，他の分析者及び専門家に相談し，意見を求めることが望ましい．

（2） 規定事項の解釈

活動情報提供プロセスの評価基準には，"5.4.5　完全性"（規格内では附属書BのB.5）が規定されているが，活動情報の分析結果を正しく判断するためには，外部組織の分析者や専門家の意見を求めることが必要である．ただし，この協働も，危機対応活動時に初めて実施するのではなく，平常時から外部組織の分析者や専門家と関係を構築し，協働プロセスを確立しマニュアル化しておくほか，訓練等を通してプロセスの改善を常に行っておくことが望ましい．

5.4.11　融　合（B.11）

活動情報提供プロセスの評価基準における融合とは，活動情報を足しあわせるという意味ではなく，あらゆる情報源から収集・分析することを意味している．

（1） 要求事項の要約

● 融合は，でき得る限り完全な状況評価を導き出すために，利用できるあらゆる情報源及び分野領域から，情報を収集及び吟味することが望ましい．

（2） 規定事項の解釈

要求事項にあるように，対応業務においてできる限り完全な状況評価を行うためには，利用できるあらゆる情報源から情報を収集し，多方面から分析することが望ましい．また，情報の分析に関しては，危機対応活動時に初めて実施するのは困難であるため，平常時から訓練やシミュレーションを行い，ノウハウを蓄積しておくことが望ましいほか，前述の評価基準にある"協働"等により専門家の意見を聞くことも必要である．

6 協力及び連携に関する要求事項

6.1 一　般

　日本語では"協力"と"連携"は類似の意味をもつ言葉として用いられることが多い．しかし本規格では"協力"と"連携"を明確に区別している．"協力"とは複数の部局・組織が達成すべき共通の"目的"をもつことであり，"連携"とは複数の部局・組織で合意した共通の目的を達成すべく行動を同期させることである．

　協力と連携の違いは，前者は，関係各機関が共同で作業又は行動するための"プロセス"であり，協力にあたって目的や目標の掲示を求めるなど，どちらかというと理念的な協調関係である．それに対し，後者は"方法"であり，具体的な行動を求める現実的な協調関係である．

　東日本大震災という未曾有の災害を経験して，関係機関の協力，連携にあたっての様々な問題点が聞かれたが，今回の経験によりその必要性に対する認識が深まったともいえる．特に，円滑な協力，連携のために，関係機関の間で事前に締結する協力協定は重要であり，実際に機能するものでなければならない．

　協力協定は，特定されたリスク及び組織に起こり得る危機シナリオに基づいたものであることが望ましい．関係各機関は，特定したリスクとそれが自らの組織に及ぼす被害影響の想定を共有することで，危機に対応する具体的な協調関係を構築することができる．

(1) 要求事項の要約

- ●次のような相互間で協力が必要とされる．
    - ―国，自治体，又は公共機関が行う公共サービスに関する大規模災害時の相互応援
    - ―危機対応に必要な資源の提供に関する様々な階層の政府と公益事業に携わるNGOとの間での協力（例　警報及び情報の放送に関するラジ

オ放送局との協定，NGOとの包括協定）
―危機対応支援活動に関する政府と民間企業との間での協力（例　食糧，避難所，医療業務，輸送，通信）
―法的義務がない場合の災害レジリエンスに関する政府と民間企業との協力（例　医療品の配送，ワクチン，緊急用電力供給能力，飲料水の配給）
―危機対応関連製品の生産の継続及び配送を確実にするための相互支援を提供する民間企業間の協力

(2)　規定事項の解釈

ここに示された五つの協力形態について①～⑤に例を挙げて説明する．

①　国，自治体，又は公共機関が行う公共サービスに関する相互応援

この形態の例としては，東日本大震災で関西広域連合が実施したカウンターパート方式が挙げられる．図2.5に示すように被害が大きかった岩手，宮城，福島の3県に対し，関西広域連合に属する府県が担当の県を決め，被災県の役割を補完して被災地対策，支援物資等の提供，応援要員の派遣，避難生活等の受入れの支援を実施した．

また，民間の公共サービス部門でも電気，通信，ガス，水道等の業界団体において，相互応援協定に基づく対応がなされた．

東日本大震災の際には，20近い国からの救助隊や，多くの海外NGOの救援を得たが，中でも国同士の相互応援において，"トモダチ作戦"は象徴的であった．自衛隊と米軍の間で，過去の有事，災害時を通じて初めて日米調整所が設置されたもので，双方の平素からの良好な関係維持，災害対応訓練等の実施によって実現した例である．

②　必要な資源の提供に関する様々な階層における政府と公益事業に携わるNGOとの間での協力

この形態には，災害等の警報や情報の放送に関し協定を締結する例がある．これは放送局の本来業務を基本とした協力である．

6 協力及び連携に関する要求事項

<応援の割当ての例>
① 被災府県が単独の場合

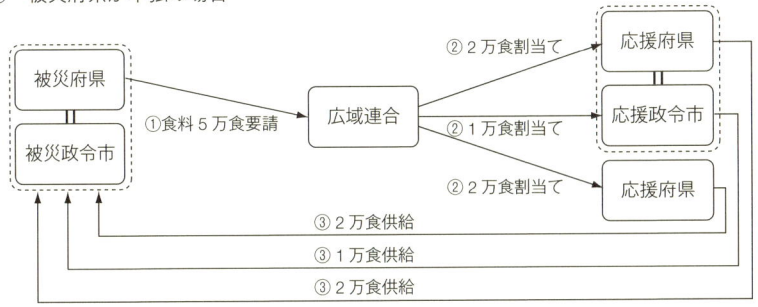

② 被災府県が複数の場合（カウンターパート方式）

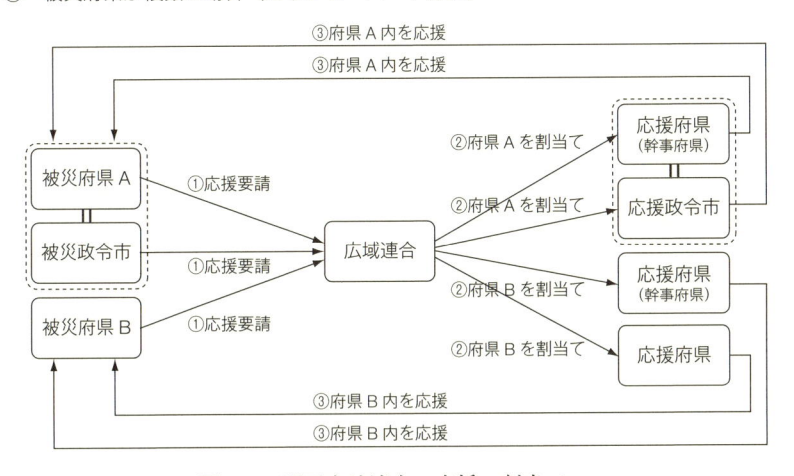

図 2.5　関西広域連合の応援の割当て
［出典：関西広域連合広域防災局(2013)："関西広域応援・受援実施要綱"］

　ほかにも，非営利，非政府組織であるNGOと緊急救護，資金助成，情報提供等の面で協定を結ぶ例がある．災害場面で民間援助団体として活躍するNGOの中には，国内外で実績を積み，豊富な経験とノウハウを有する組織があり，NGOの機能，役割を有効に引き出すためには，協定締結にあたり，援助の対象や期間，規模を限定せず，包括的な協定を結ぶことが効果的である．
　規定内の"様々な階層"とは，国，自治体とNGOとの関係において，国・

都道府県・市区町村あるいは，本部・現場といった構造の様々な段階に，相対するNGOとの協力関係があることをいう．

③　政府と民間企業との間での協力

　危機対応支援活動に関する政府と民間企業との間での協力内容は，食糧，避難所，医療業務，輸送，通信等多岐にわたる．

　政府と民間企業等の協力を法律で定める例として，我が国では災害，武力攻撃事態，新型インフルエンザ等発生などの緊急事態に際して，国民の生命，身体，財産の安全を守るうえで一定の義務を付与した機関として，公共機関が指定されている．災害対策基本法では，指定機関として省庁，地方行政機関，独立行政法人，公共サービス機関が定められ，国民保護法及び新型インフルエンザ等対策特別措置法においても，国による指定公共機関，都道府県による指定地方公共機関が定められ，それぞれの職域における機能維持を主体とする責任を果たす義務を負っている．

　法律にはよらないが，関連する例として国土交通省の関東，四国，近畿，中国の各地方整備局が実施している事業継続にかかわる認定制度が挙げられる．災害時の緊急輸送道路の早期確保や河川堤防，港湾施設などの早期復旧に建設会社の協力は必要不可欠であるため，認定した建設会社の協力により，災害対応業務の円滑な実施と地域防災力の向上を図ることを目的とするものである．建設会社に対しては，単に協力を呼びかけるだけでなく，総合評価落札方式において地域貢献項目に加点することで，インセンティブになるよう工夫がなされている．

④　法的義務がない場合の政府と民間企業との協力

　法的義務がない場合の，災害レジリエンスに関する政府と民間企業との協力には，医療品の配送，ワクチン，緊急用電力供給能力，飲料水の配給等がある．

　国，自治体は，自らの役割と資源を民間企業からの支援で補う必要に迫られることが予想され，これに対し，従前から事業継続（Business Continuity：BC）に取り組む民間企業の中には，地域協力，地域貢献への意欲から，具体

的な戦略をもつ例がある．

　東日本大震災の際には，救援物資の仕分けと配送に苦労していた自治体が，それを見かねた運送会社の申し出に委ねたことで，著しく効率化することができた例にも学ぶことができるように，民間企業のもつ本業の力とその善意を活用すべきである．民間企業との協力においては，地域のみならず，広域に事業展開する企業と協定を締結することも効果的である．また，民間企業は，地域との日常の取引を通じて顔の見える関係を構築することで，危機対応の必要が生じた場合に，平常時のネットワークを活用することができる．

⑤ **危機対応関連製品の生産の継続及び配送を確実にするための相互支援**

　危機対応関連製品の生産の継続及び配送は，通常は自社で問題なく実施していても，災害が発生した場合には自社被害や道路，交通の寸断により困難となる．このため，民間企業間で事前に相互支援の協定を締結する例がある．協定締結において重要なことは，相互支援の実現性が，企業の事業継続計画書に裏付けられていることである．相互支援をする企業の事業継続方針，継続体制，継続戦略を照合し，お互いの供給能力，供給手段あるいは代替性を確認しておくことが重要である．

　相互支援の具体的内容は，生産委託，資機材の融通，相互保管，人員応援，輸送手段の共有等多様であり，日頃競合関係にある企業同士が協力する例もある．重要な製品については，複数の企業と協定を締結することも効果的である．

6.2 協　　力

　協力とは，合意に基づいて，危機対応という共通の利益及び価値の実現のために，共同で作業又は行動するためのプロセスである．協力に際しては，関係組織間で協力協定を締結することが不可欠であり，協力の目的と達成目標を明確にしておくことが重要である．目的と達成目標の違いを単純に例示するならば，目的は"人命救助"であり，達成目標は"今この状況においてこの人を救

う"と掲げることである．

長期的・包括的な目的に基づき，数量，期限，水準等できるだけ定量的に示された達成目標があり，危機対応の協力において"何を，いつ，実施するのか"が明確になる．

(1) 要求事項の要約

●組織は，次のことを行わなければならない．
　―効果的な危機対応を準備するため，他の組織，関係各組織との協力の必要性を評価する．
　―その評価に基づき，協力協定を締結する．
　―必要に応じて，専門家を相互派遣することで，協力組織を自組織の指揮・統制プロセスの中に参画できるようにする．
　―組織が定めた期間ごとに，協力協定の試験，評価及び改訂を行う．

(2) 規定事項の解釈

協力の必要性評価については，多様な評価項目が考えられるが，少なくとも"リスクの重大性"，"協力の有用性"については加えておく必要がある．

リスクの重大性とは，危機対応を必要とする状況の程度をいい，自組織だけでは困難であり，他と協力する必要性があるか否かを判断する尺度である．協力の有用性とは，"6.1　一般"において相互間で協力が必要とされる五つの形態が示されているが，この中のいずれかに該当するのであれば，協力の必要性は高いと評価される．

協力の必要性評価は，相手の組織との協力が自組織の危機対応にとって必要か，あるいは，事業継続上の目的に適うものであるかを判断することであり，協力の効果を見極めて，協力協定締結の適否を判断する．

相互に協力する組織は，危機対応における目標達成のための指揮・統制プロセスに，利用可能なあらゆる資源を投じる．その中には人的資源を，専門家の相互派遣という形で投入することもある．人員派遣は極めて有効であるが，派遣

者に対する指揮系統については，それぞれの独立性を維持するのが原則である．

締結した協力協定は，できる限り関係機関双方で，定期的に協力の現状が当初の目的に合致し，達成目標に至っているかを判定する検証を実施しなければならない．検証とは，協定自体の適否の要因を探る手段である．検証により，協定の現状の取組みを評価し，不適合等の原因を明らかにし，対策を立て改善策を導り，必要な改訂を行う．

6.3 連 携

6.3.1 一 般

連携とは，共通の達成目標を実現するために，様々な組織（公共又は民間），又は組織内の複数の部署が，共同で作業又は行動する方法である．連携にあたり，事前に必要不可欠な協力関係の確立が必要であるとしている．これは，前節（"6.2 協力"）における協力協定を前提とし，協定で明確になった協力の目的や達成目標を実現するための方法として，連携の重要性が高い関係組織間で，複数の階層構造をもつ指揮・統制プロセスを確立させることをいう．

(1) 要求事項の要約

● 組織は，関係者及び関係組織との連携の必要性を評価し，危機への備えの一環として，必要不可欠な協力関係を確立しなければならない．
● 組織は，次の目的のために，関係者及び関係組織と積極的に実務的な関係を結ばなければならない．
　― 情報の共有
　― 計画策定及び意思決定のプロセスへの寄与
　― 危機管理上の意思決定事項の実施
　― 必要とされる限りのこのプロセスの継続
● 必要に応じて，専門家の相互派遣をしなければならない．

(2) 規定事項の解釈

　連携の必要性評価とは，相手の組織との連携が危機対応にとって必要か，あるいは，事業継続上の戦略に適うものであるかを判断することである．前節における必要性評価に加え，連携が共同で作業又は行動する具体的な方法であるため，"連携の手段"といった具体的な対象と"連携の効果"といった定量的な把握による評価を行う．

　連携は，組織が備えなければならないリスク及び組織に起こり得る危機シナリオに基づいたものであることが望ましいとされている．関係各機関は，特定したリスクとそれが自らの組織に及ぼす被害影響の想定を共有することで，危機に対応する具体的な協力関係を構築することができる．さらにその協力関係は，自組織へのメリット，デメリットにとらわれるのではなく，人道的で，危機における中立公平な救援をもたらすものであることが望まれている．

　連携は，危機への備えの一環として事前に確立した必要不可欠な協力関係のもとに，実務的な関係としてまず"情報の共有"を目指す．過去の事故や災害の現場において，現地対策本部に関係各機関が一堂に会することで情報共有を図ろうとする取組みがなされてきた．しかし，情報の信頼性，連絡伝達の不達や遅延，用語の違い等が支障となって，必ずしも円滑には実現しないケースが多かった．これは，情報を収集し，必要な情報を抽出し，分析を加えて情報共有に至るまでの手順の標準化が確立していないことに，大部分の原因がある．

　情報共有が図られることで，その先の"状況評価及び予測"，"計画策定"，"意思決定及び決定事項の共有"という指揮・統制プロセスが循環する．数々の決定事項が適切に実施され，さらに指揮・統制プロセスは，必要な限り継続される．この指揮・統制プロセスの一例を図2.6（規格内では図3）に示す．

　専門家の相互派遣については，前節と同様に指揮・統制プロセスに参画させるためであり，連携において有益である．

　複数組織による具体的な連携の方法の例としては，ICSで規定される"ユニファイドコマンド（unified command）"と"エリアコマンド（area command）"の二つのスタイルが挙げられる．

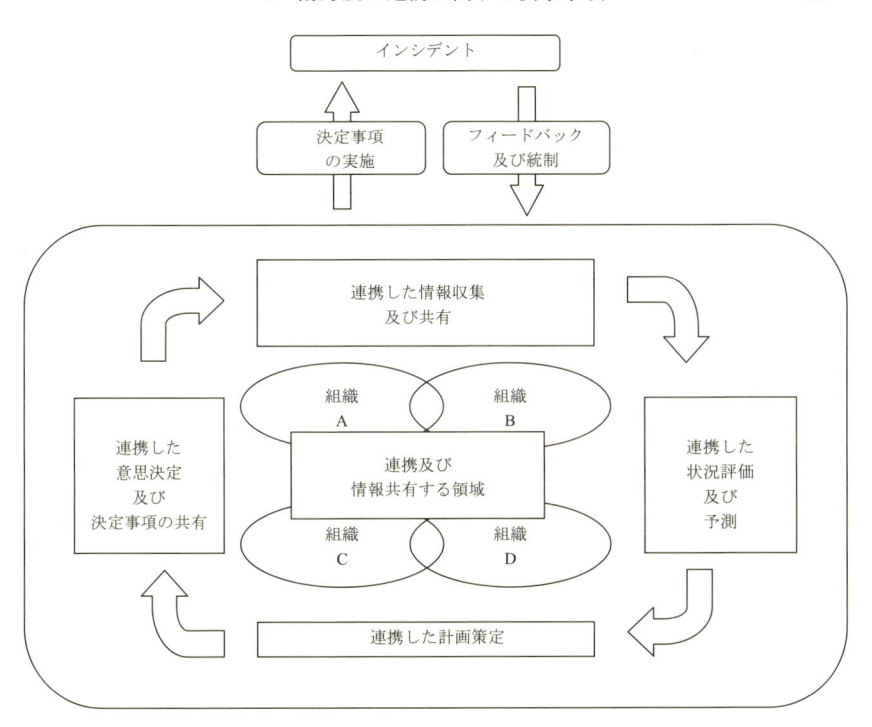

6 協力及び連携に関する要求事項　　93

図 2.6 連携の重要性が高い，複数の階層構造をもつ指揮・統制プロセスの循環図（JIS Q 22320:2013 内の図 3）

(a) ユニファイドコマンド（複数の組織が絡む事態での合同活動体制）

複雑な事象については，複数の関係機関がチームとして統一的に対応することが求められる．ただし，統一的な指揮を行うといっても各組織のあり方は変わらず，各組織の構成員が普段から実施している活動を行う．図 2.7 に示すようにユニファイドコマンドでは，各組織の現場の長が話し合い，一つの方向性を決め共同で意思決定を行うが，各個別組織の指揮命令系統は維持する．やむを得ない事情により指揮命令系統を変更する場合においても，指示する人は一人になるようにすることが重要である．

(b) エリアコマンド（複数の現場での活動を調整する広域活動体制）

広域災害等により複数の現場が同時発生し様々な種類の組織が協働する場合

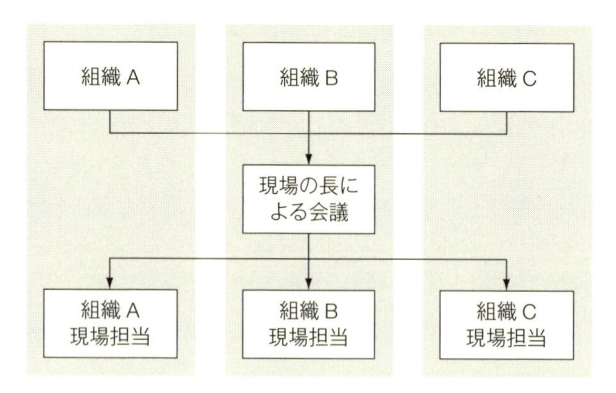

94　　　第 2 章　ISO 22320 の解説

```
┌─────────┐  ┌─────────┐  ┌─────────┐
│ 組織 A   │  │ 組織 B   │  │ 組織 C   │
└────┬────┘  └────┬────┘  └────┬────┘
     │            │            │
     └──────┐  ┌──┴──┐  ┌──────┘
            ▼  ▼     ▼  ▼
          ┌──────────────┐
          │ 現場の長に    │
          │ よる会議      │
          └──┬────┬───┬──┘
     ┌───────┘    │   └───────┐
     ▼            ▼            ▼
┌─────────┐  ┌─────────┐  ┌─────────┐
│ 組織 A   │  │ 組織 B   │  │ 組織 C   │
│ 現場担当 │  │ 現場担当 │  │ 現場担当 │
└─────────┘  └─────────┘  └─────────┘
```

図 2.7　ユニファイドコマンドのイメージ

に用いられる手法である．図 2.8 に示すように，地域ごとに異なった対応をとるのではなく，統一的な災害対策本部のもとに，各地域間が連携した活動を行うことが有効であるケースに採用される．この方法では，特殊技術者などの人員も含めた希少資源を地域の枠組みを越えて広域的に調整することが可能となる．エリアコマンドが果たすべき機能としては，関係する組織へ役割を割り振る，それぞれの組織の特性を理解する，希少資源の割当て方針を決める，適切に人員配置する，関係機関の責任者と連絡をとる，用が済んだ資源の後処理を行う等が挙げられる．

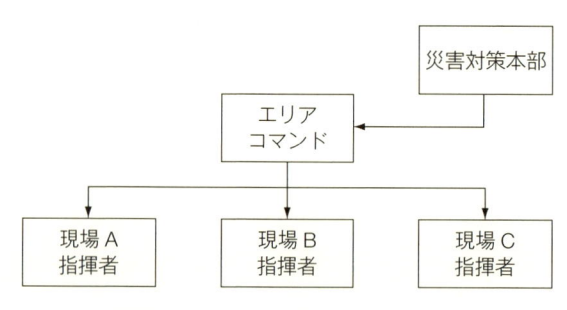

```
                          ┌──────────┐
                          │ 災害対策本部 │
                          └─────┬────┘
            ┌──────────┐        │
            │ エリア    │◀───────┘
            │ コマンド  │
            └────┬─────┘
      ┌─────────┼─────────┐
      ▼         ▼         ▼
 ┌────────┐ ┌────────┐ ┌────────┐
 │ 現場 A  │ │ 現場 B  │ │ 現場 C  │
 │ 指揮者  │ │ 指揮者  │ │ 指揮者  │
 └────────┘ └────────┘ └────────┘
```

図 2.8　エリアコマンドのイメージ

6.3.2 連携プロセス

複数の組織による連携を考える場合には，その組織の階層ごとに，現場は現場で，部局は部局で"横のつながり"を構築することが重要である．連携のプロセスにおいては，可能な限り早く情報を共有することが求められる．

(1) 要求事項の要約

- 組織は，関係組織間で可能な限り良好な連携を達成するため，複数の階層構造をもつ指揮・統制プロセスを構築しなければならない．
- このプロセスは，既存の協力協定を尊重しなければならない．
- 関係する組織は，他の組織を評価しなければならない．
- さらに，必要性があり実行可能な場合においては，他の組織に影響を与え得る決定に関し，他の組織が意思決定に参加できるようにしなければならない．
- 全ての組織は，他の組織に対し，その組織に影響を与え得る決定事項を知らせなければならない．
- 複数の階層構造をもつ指揮・統制プロセスには，次の事項を含めなければならない．
  a) **現場での早期の連携** 現場の初動対応者は，応対できる人の能力及び経験に基づき，現場での連携を早期に実施しなければならない．初期の危機対応では，人命又は社会基盤を守ること，及び人々を更なる危険から保護することが極めて重要になり得る．この早期の現場での連携は，その後，指揮・統制によって，計画及び持続された連携に引き継がなければならない．
  b) **参画** 連携に関する全ての組織は，自らに影響する方針，手続き，戦略及び計画の決定に参画しなければならない．連携の担当者は，他の関係者からの信頼を維持できるように行動しなければならない．

96　　第 2 章　ISO 22320 の解説

> c) **公平性**　連携は，任務遂行における公正さを担保し，全関係者の力量及び機会均等を尊重しなければならない．

(2) 規定事項の解釈

"連携のプロセス"として重要なことは，同じ目標に向けて行動する複数の組織間で，活動の同期をとることである．

第 1 章でも触れたが，例えば建設現場において，朝 8 時に施工を担当する組織が態勢を整えても，建設資材搬入を担当する組織が，建設資材を 16 時に届けるような状態では，建設工事の竣工という目的は同じであっても"連携"できているとはいえない．

特に，災害対応活動においては図 2.9 に示すように，常に後追いで始まり，まずは各組織が態勢を構築することが必要となる．そして，当面の目標を掲げ計画準備・計画承認・活動・新たな活動目標の設定というサイクルでの活動サイクルに移り，"後追いの幅"を狭めていく．"連携"とは共通の目的を達成す

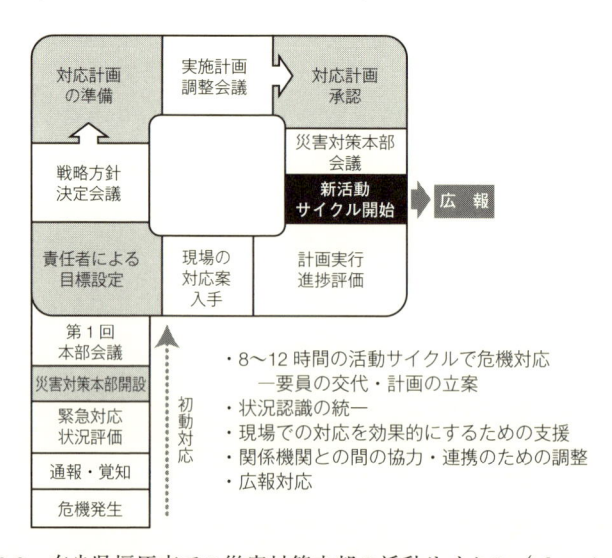

図 2.9　奈良県橿原市での災害対策本部の活動サイクル（planning P）
［出典： 林春男（2013）："ISO 22320 に基づく協力・連携～効果的な危機対応の実現～講演資料" TIEMS 日本支部第 4 回パブリックカンファレンス］

るために関係する機関や部署が活動の同期をとることであり，複数の組織の連携においては，このサイクルのタイミングを可能な限りあわせることが必要となる．そのためには，組織間で互いの状況を見極め，関係する決定事項を知らせ，場合により互いに意思決定過程に参加するなど，綿密な情報共有を行う必要がある．

(a) 現場での早期の連携

前述のように災害対応は後追いになることが多い．特に火災や自然災害においては，初動期から現場において十分な危機対応体制を構築できるわけではなく，現場に参集した各組織の人員が連携して，最も優先順位の高い活動を行い，参集人員が増加するに伴い参集した人員の中から能力や経験に応じて，より適切な人員に指揮命令系統や対応を引き継ぎ，段階的に連携した危機対応体制を整える．例えば火災現場において，初期消火や避難誘導等の活動を，まずは自衛消防隊や地元消防団が行い，やがて到着した消防機関に引き継ぐことを前提としているが，これも現場での早期の連携の一つであるといえる．なお，複数組織間でも共通した教育プログラムが整備されていると早期の連携が行いやすい．

(b) 参　画

各組織の活動を"同期"させるためには，関係する方針・手続き・戦略・計画等の決定過程へ各組織が参画し，あらかじめ調整を行う必要がある．また，実際の活動に際しては，方針・手続き・戦略・計画等で調整したとおりの活動を互いの組織が行うことを担保する信頼関係の維持も重要である．なお，平常時より"顔の見える関係"を築くことが危機対応時の信頼関係につながる．

(c) 公平性

連携における公平とは，必ずしも連携して行うべき活動の"分量"を均等に配分することを意味するとは限らない．各関係機関の装備や力量，他の関係機関が当該連携活動以外で並行して実施する活動等も踏まえたうえで，特定機関に過度な負担が集中しないように配慮する必要がある．

6.3.3 連携の目的

あらゆる活動レベルにおいて連携が図られる．組織間には，サプライチェーンにおける調達，供給といった例に見られる水平的な関係と，国際レベル，国家レベル，地域レベルという階層構造をもつ垂直的な関係がある．これらの関係を，どちらかが従属する関係としてとらえるのではなく，連携においては，あくまでも対等，公正な関係であるととらえるべきである．よって，危機対応にあたっては，組織間の関係，個々の使命，あるいは保有資産などといった組織の優劣を超えて，連携の意義を優先し，連携の目的を共有する必要がある．

連携が共同で作業又は活動する具体的な方法の選択であるため，連携の目的は，協力関係による補完，補強，相乗を期待する組織間の"連携ニーズ"を表しているともいえる．そのため明示的であり，誤った認識を与えない表現であることが大切である．

(1) 要求事項の要約

- 組織は，あらゆる活動レベルにおいて，効果的で持続的な連携を実現するため，連携の目的を確実にし，かつ，優先順位付けしなければならない．
- 組織は，実際の危機対応活動に関した次の連携目的及びその適用可能性を評価しなければならない．
  - a) 指揮・統制体制の確立
  - b) 共通で透明性のある意思決定手続きの明確化
  - c) 情報共有及び状況認識に関する方針の実施
  - d) 情報伝達の流れに関する計画及び情報伝達に関する指針の実施
  - e) 活動任務の分担
  - f) 物流支援ネットワークの準備及び実施
  - g) 異なる組織間での責任分担（地理的及び責務範囲）の設定
  - h) 特殊資源の管理

> i) 通信網，地理的ネットワーク，及び情報管理ネットワークの相互運用性
> j) 重要ニーズの確認
> k) スタッフの交替を考慮した連携プロセスの継続性

(2) 規定事項の解釈

　連携の目的は，a)からk)に示されるように複数あり，組織間においては，すべてが該当することもあるし，これ以外の目的を追加することもある．逆に，この中から特定することも許容されるなど，連携の目的は必要に応じて選択することができる．ただし，目的には，連携して取り組む実際の危機対応活動に即して優先順位が設定されなければならない．さらに関係組織の資源に照らして，目的として適切か，適用が可能であるかを評価しなければならない．

　a)指揮・統制体制の確立，b)共通で透明性のある意思決定手続きの明確化，c)情報共有及び状況認識に関する方針の実施，d)情報伝達の流れに関する計画及び情報伝達に関する指針の実施，及びk)スタッフの交替を考慮した連携プロセスの継続性は，指揮・統制プロセスにかかわる連携の目的である．

　e)活動任務の分担，f)物流支援ネットワークの準備及び実施，g)異なる組織間での責任分担（地理的及び責務範囲）の設定，h)特殊資源の管理，i)通信網，地理的ネットワーク，及び情報管理ネットワークの相互運用性は，組織の役割の補完，補強，相乗効果を期待する連携の目的である．

　j)重要ニーズの確認は，インシデントによって損なわれる可能性のある関係組織に共通する機能，使命，資産等を保護するために，連携する組織特有の事項を挙げて状況を確認することと解釈できる．

6.4　情 報 共 有

　複数の組織が共通の目的を達成するために活動を同期させることを成功させるには，情報を共有することが唯一の武器であるといっても過言ではない．ま

た，各組織が単独で得た活動情報よりも，複数組織間で一元管理され磨かれた活動情報を互いに共有することは，単独の組織の活動では得られない大きな成果となる．

(1) 要求事項の要約

- 共有の必要がある全ての情報について，各組織は，実際のインシデント及び関与する組織に応じて情報共有できる手段を確立しなければならない．
- 組織は，次のような情報共有の必要性を評価しなければならない．
  a) **情報共有環境** 状況認識を統一し，高度な状況認識をもつために活動情報を共有する環境を構築する必要性．
  b) **取組みの統一** 各組織の構成員は，自らの観点からだけではなく，組織間又は複数国家間の視点から状況を見る必要性．
  c) **顕著な相違を解消するための調整** 危機対応に関与する組織間で，主義又は手続きの相違が生ずる可能性がある．有効な活動情報を組織間又は国家間で実現するため，指揮・統制の最も高い階層による，組織間にある顕著な相違を解消するための調整の必要性．
  d) **情報処理計画** 計画策定プロセスの早い段階で，他の組織と共有する可能性のある活動情報を決める必要性及び望ましい共有方法を決める必要性．
  e) **補完的な危機対応業務** 協力組織で行う補完的な業務活動に関する活動情報を共有する必要性．
  f) **言語又は記号** 共通の言語又は記号を設定する必要性．

---

(2) 規定事項の解釈

箇条5の"5.1 一般"で述べたとおり，情報は"静的情報"と"動的情報"に区分することができる．円滑な連携のためには，複数組織間の情報共有にあたっても，平常時から整理が可能な静的情報と，災害発生後に得る動的情

報を整理する必要がある．

連携における情報共有を行うにあたっては，組織間で次に挙げる事項について評価をしたうえで対策を講じる必要がある．

(a) 情報共有環境

より多角的で高度な状況把握にあたっては，それぞれの組織の視点で得た情報を共有し，より精度を高めることが重要である．そのためには，それぞれの組織が処理した情報をもち寄り，より高度な分析を行い連携した活動をするために必要に応じて環境を整備する必要がある．その場合には，関係者間での調整所や連絡会議等を設置することが望ましい．東日本大震災における米軍と自衛隊によるトモダチ作戦は初めての日米共同作戦であったが，仙台に現場での日米調整所が設置され，各種の情報共有や調整にあたった．

(b) 取組みの統一

ある組織で十分な分析を経て作成された活動情報であったとしても，その組織の観点から見た固有のバイアス（偏り）がかかっている可能性は否定できない．連携した活動のためには，必要に応じて組織間等の統一的な取組みの観点から，活動情報を共有する環境において改めて分析を行う必要がある．

(c) 顕著な相違を解決するための調整

同じ情報を得た場合においても，組織による主義や手続きによる違いから得られる活動情報が異なる可能性がある．活動情報が異なることが組織間での連携活動に影響する場合には是正が必要となるが，現場における調整は困難であることから，最も高い階層において組織単位の主義や手続きを超えた調整を行い，差異を小さくする必要がある．例えば，東日本大震災の市町村別の死者数は当初発表する組織によって差異があった．これは，被害に遭った場所でカウントするか，遺体が発見された場所でカウントするかによる違いであった．こうした定義の違いは，被災自治体からの要請により，のちに総務省消防庁通知（平成24年度消防応49号）として定義が明確にされた．

(d) 情報処理計画

組織間の連携においては，共有する活動情報やその共有方法について，現場

での活動を通じて決めるケースが多い．しかし，連携の目的や組織の特性によっては，現場での事後の決定では情報共有が間にあわない又は不可能となる可能性もある．そのような場合については，共有すべき情報とその共有方法について，事前に洗い出したうえで，関係組織でそれぞれ"情報処理計画"（必ずしも独立した計画として定める必要はなく，既存計画の一部として定めてもよい）として定める必要がある．

(e) 補完的な危機対応業務

複数組織が連携した危機対応活動を行う場合においては，各組織の共通の目的に直接関係する活動のほか，補完的な業務も発生する．そのような補完的な業務活動についても，活動情報を共有することで全体の活動が円滑になる可能性がある場合には，事前に定めた協定等の内容にこだわらず，柔軟に共有する活動情報に加え，情報共有環境に加える必要がある．補完的な危機対応業務とは，例えば"広報"等が挙げられる．連携した危機対応に関する広報にあたっては，組織間で広報内容を共有するとともに，必要に応じて共同記者対応等も行うことが想定される．

(f) 言語又は記号

一般に複数組織による協力・連携は平常時の活動が必要不可欠であるため，当該組織間において危機対応時に用いられる言語や記号は，平常時の活動において使用されるものと同一である．特に日本国内での活動においては，使用する言語を特段意識することは少ない．しかし，平常時に想定していなかった組織との連携した活動が発生した場合には，情報共有にあたり言語や記号を統一する必要が出てくる．例えば，災害現場において捜索活動が完了した建物に付すマーキングについて，東日本大震災では捜索活動を行った組織ごとに別々のマーキング方法で行われた．このようなマーキングについては，国連INSARAG（国際捜索救助諮問グループ）のガイドラインにおける国際標準が定められていることから，捜索にかかわる組織ではこのような標準や規格を共通の記号として用いることも重要である．また，共通の記号の習得のためには，共通の教育プログラムや習得の場を設置することも重要である[4]．

6.5 人的要因

人的要因とは，協力及び連携という協調関係を，安全かつ効率的に機能，運用させるうえで人間側がもつ支障となり得る原因のことであり，能力，経験，言語，習慣，文化等が要因として挙げられる．これらの要因による失敗をせずに，協力及び連携の目的や目標が達成されるよう，人間の役割について配慮することが不可欠である．

（1）要求事項の要約

> ● 協力及び連携の組織体制，システム及び（特に複数の組織，又は複数の国家での使用に関する）機器の使用を規定及び設計する際は，能力レベル，文化的背景，業務手段，言語などの相違に配慮しなければならない．
> 注記　いかなる場合でも，最も低いレベルの教育訓練を受けた人を想定することが普通である．

（2）規定事項の解釈

危機対応に際して協力，連携を図る関係各機関において，意思の疎通は欠かせない．共通の目的や達成目標をもち，情報を共有し，システム及び機器を使用して，決定事項を確実に実施するためには，阻害要因となる人的な能力レベル，文化的背景，業務手段，言語などの相違を解消することが求められる．

ISO 22320 を作成した TC 223 において，社会セキュリティ規格の一つとして国際標準化が進められている ISO 22322 "社会セキュリティ―緊急事態管理―警報システム"［2014年3月現在 DIS（国際規格案）段階］は，インシデントの前，最中，その後に活用される警告の開発，管理，実行について原理と一般的なガイドラインを提供する規格である．また，同じく検討段階の ISO 22324 "社会セキュリティ―緊急事態管理―色コードによる警報"（同 DIS 段階）は，すべてのハザード，すべての場所，安全にかかわる問題が生じるすべ

ての部門に適用する，安全又は危険の度合いを色で知らせるための規格である．これらは，人的要因の緩和，解消を目指す規格であるといえる．これらの関連規格については，第4章4.2節で概要を示す（ISO における規格開発手順は巻末の付録を参照されたい）．

　なお，人的要因の緩和，解消にあたっては，いかなる場合でも，最も低いレベルの教育訓練を受けた人を想定することが普通であるとされる．

コラム　どのような危機事象に備えるべきか？

　ISO 22320 においては，危機対応の対象とする事象を特に定めておらず，様々な危機事象に対応するうえでの共通的な方法論が示されている．それでは，組織において危機対応の準備を進める場合，具体的にはどのような危機事象を想定すべきであろうか．

　このような問いに対する答えは個々の組織によって異なるが，単に地震や津波，洪水のような自然災害だけに限定せず，視野を広げて様々な観点から検討すべきである．これを考えるうえでヒントとなる情報を二つ紹介したい．いずれもウェブサイトから無料で入手できる．

(1)　全米防火協会 "NFPA 1600"

　NFPA 1600 とは，米国の全米防火協会（National Fire Protection Association：NFPA）が発行している，災害対応や事業継続に関する規格である．この規格の 2013 年版では，"ANNEX A" の A.5.2.2.1 項に，組織において考慮されるべきハザードのリストが記載されている．リストはまず "地質ハザード（地震や津波，火山等が含まれる）"，"気象ハザード（洪水，台風等）"，"生物学的ハザード（感染症等）"，"偶発的人為事象（危険物質の漏洩，プラント事故，機械の故障等）"，"意図的人為事象（ストライキ，テロ等）"，"技術的インシデント（コンピューターシステムのトラブル，電子的データの消失等）"，"その他のハザード" に大別され，それぞれのカテゴリの中でさらに具体的なハザードが列挙されている．

(2)　英国政府 "National Risk Register"

　英国では内閣府が "National Risk Register" を毎年発行している．これは英国において緊急事態に備えるうえで想定しているリスクを列挙し，それらが今後 5 年間に発生する可能性と，発生した場合の影響の大きさを評価したもので，評価結果がマトリックスにまとめられているほか，それぞれのリスクについて，それぞれ評価の背景や政府としての対応計画の概略等がまとめられている．評価はもちろん英国の事情を踏まえて実施されているので，参照する際には日本との違いを考慮する必要がある．

（田代　邦幸）

第3章

規格は使わなければ意味がない

3.1 危機管理の一環としての危機対応

第1章で述べたように危機対応は危機管理の一部である．したがって，危機対応のための国際規格であるISO 22320を有効に活用しようとするならば，危機管理そのものを見直すことから始めることが大切である．危機管理の目的は，組織が危機を乗り越える力（レジリエンス）を高めることであると述べた．つまり，組織に期待されている社会的使命をどのような状況になっても維持できる力を高めることであり，事業継続能力の向上を意味している．その意味では，ISO 22320の関連規格であり，組織の事業継続能力を高めるためのマネジメントシステムについて規定しているISO 22301"社会セキュリティ―事業継続マネジメントシステム―要求事項"と連携して，ISO 22320を利用することが望ましいのである．

ISO 22301は継続的改善を通じて事業継続能力を高めることを意図している．事業継続能力を高めるためにPDCAサイクルを回す仕組みを提示している規格なのである．組織が直面するリスクを評価し，それに対する対応戦略を構築し，どのような予防策を採用するか，どのような危機対応策を構築するかを検討し，文書化することがPDCAのP（Plan：計画立案）にあたる．計画を実際に運用し，必要とされる教育訓練を実施することがD（Do：実行）にあたる．実際に危機に直面した経験，あるいは教育訓練を振り返り，現行の計画の不具合を明らかにすることがC（Check：評価）にあたる．そして，明らかになった不具合を組織として修正することがA（Act：改善）にあたる．以上をまとめると，ISO 22301はどうすればその組織に適した成果物としての危機管理計画を作成する能力を高めることができるかの方法論を示しているといえるのである．

危機を乗り越える力を継続的に向上させる，という枠組みの中で危機対応をとらえることではじめて，危機対応能力も継続的に向上させることが可能になる．いい換えれば，危機対応能力だけを取り出して，それだけを高めることは危機管理としては不可能なのである．この章では，危機対応を危機管理の一環

として位置付け，危機対応能力を継続的に向上させる方法を，PDCA に即して検討する．

3.2 危機管理計画の立案（P）

組織が危機を乗り越える力を継続的に向上させる過程の中心にあるのは，PDCA の P の計画策定である．そのためのステップとして，ISO 22301 では，①組織が直面するリスクを評価し，②それに対する対応戦略を構築し，③どのような予防策を採用するか，④どのような危機対応策を構築するかを検討し，⑤文書化することが規定されている．この手順を踏むことで，その組織に適した危機管理計画が成果物として生まれる．これらのステップを順次検討していきたい．

3.2.1 リスクの評価

危機管理計画立案の第 1 ステップは，組織が直面するリスクを評価することである．組織は様々な潜在的な危機に取り巻かれている．しかし，そうした危機のすべてを取り除くことはできない．そのためのコストが多すぎるからであり，未知の危機も存在し得るからである．したがって，その時点で組織が対応すべきリスクは何かを明確にすることが，危機管理の最初のステップとなる．これは孫子の兵法の"敵を知る"に相当する．組織が直面するハザードについてどこまで具体的かつ広範囲に検討できるかがリスク評価の質を決めることになる．

リスクは通常ハザードの発生確率と発生した場合の影響度の大きさによって定義される．リスク評価においては，ハザードの発生確率を正確に把握することはもちろん大切である．高い発生確率をもつハザードを無視しないためである．しかし発生確率が低くても，発生した場合に組織に対して大きな影響を与えるハザードも存在する．いわゆる低頻度巨大災害の存在である．1000 年間隔で起きる規模の地震によって引き起こされた 2011 年の東日本大震災はその

一例であり，たとえ発生確率が低いからといって無視してよいとはいえないのである．このことは，組織に対する影響の大きさを中心にリスク評価を進めることの大切さを示唆している．事業継続計画におけるインパクト分析の大切さと同義である．そのハザードがもつ組織に対するインパクトをどこまで徹底的に分析できるかがリスク評価の質を決めることになる．

さらに，リスクに関する認識は組織内で共有されていることも重要である．第1章で述べたように，危機対応は一人ではできない，多くの人々の協力を必要とする性質の業務である．普段やっていることしか災害時にはできない，という災害対応の教訓もある．それを踏まえると，多くの人が協力して危機対応にあたることを可能にするためには，平常時から関係者が何をすべきかを理解し，実践していることが必要となる．その中には，リスクに関する認識の共有も含まれる．リスクの認識を共有することで関係者すべてが何に対して備えるべきかが明らかになり，おのずと何をすべきかについての理解も深まるからである．

3.2.2 対応戦略の構築

リスク評価に基づいてなすべき危機管理計画立案の第2段階は，対応戦略の構築である．どのリスクに対して，どのような予防策を講じるか，あるいは危機対応策を講じるかを決定することである．発生確率が低いものの発生した場合の影響が大きいリスクは，被害を予防することそのものが難しいので，想定される被害が発生することを前提として，そのような事態にどのように対応するかをあらかじめ検討しておくことが重要となる．

予防策を講じるべきハザードの数としてはいくつぐらいを選定するのが適切なのだろうか．予防策を講じるハザード数が多いほど，残余リスクは小さくなるが，そのためのコストは膨大になる．予防するハザード数を減らせばコストは節約できるが，残余リスクは大きいままである．残余リスクとコストの適切なバランスの目安は実務者にとってぜひとも知りたい情報である．危機管理研究の創始者の一人とされるイアン・ミトロフ (Ian Mitroff) は様々なハザー

ドを内的・外的リスクと日常的・非日常的リスクの2軸で4象限に分類し，各象限に分類されたリスクを大きなものから順番に二つずつ選んで予防策と危機対応策を考えるべきだと勧めている．世界展開するコングロマリットでも各象限二つ程度のハザードを選択し，それら各々について危機管理策を検討しているという．それ以外のリスクについては，万が一被害が発生した場合に同じ象限にある既存の危機対応対策を参考にして対応すると説明している．

3.2.3 リスク対応策の選定

予防策の対象とするハザードを選んだ後は，それぞれのリスクについてどのような対策を講じるかを検討していく必要がある．リスクへの対応には表3.1に示すように基本的に四つの方法があるとされている．リスクの回避（risk avoidance），リスクの緩和（risk reduction），リスクの転嫁（risk transference），リスクの受容（risk acceptance）である．この中から適切な対策をリスクの性質に応じて選ぶことが危機管理計画の核心である．

そのうち回避策，緩和策は予防策の中心である．第1章で述べたように，どのハザードにも有効な万能の予防策は存在しないため，ハザードごとにそのハザードに即した具体的な予防策は異なる．リスクの回避策は基本的には，ハザードの影響が及ばないところを選択する土地利用に関する方策であることが多い．しかし，ハザードごとに具体策は異なっている．地震対策ではカリフォルニア州の活断層法のように活断層の両側30 m以内には新築を禁止しているケースがある．さらにこの区域内にある既存の住宅を他者に譲渡する場合には，その旨を告知することが法律で義務付けられている．また，米国の洪水対策では，100年の再現間隔をもつ洪水で氾濫原となる地域での住宅建設が禁止されているほか，既存の住宅はそのままでは保険に加入できない．国土が狭く回避策がとりにくい我が国でも，東日本大震災の被災地では津波が到達しないところへの高台移転が各地で検討されている．

リスクの緩和策は，ハザードに打ち勝つ堅牢さを施設にもたせる方策が中心である．地震対策であれば構造物の耐震化を意味する．洪水対策としては，河

川整備となる．津波対策では津波の高さ以上の階高をもつ堅牢建物ならば，たとえ浸水しても構造的には健全で，修復すれば使い続けることが可能である．

リスクの転嫁策も予防対策の一種と考えられている．しかし回避策や緩和策と異なり，被害そのものを予防するのではなく，被害を回復するために必要となる資金をあらかじめ手当てすることで被害を乗り越えようとするのがリスク転嫁である．リスクを転嫁する方法は基本的に大数の法則と収支相等の原則に基づいており，保険あるいは共済・講などの様々な形式が存在している．つまり，一定の割合で発生する危機を乗り越えるのに必要となる経費を多くの人が協力して負担し合う仕組みである．

リスク対応の最後の手段はリスクの受容である．リスクを減らすことではなく，リスクの存在を前提として，被害が発生した場合に必要となる危機対応策をあらかじめ用意しておく対応である．ISO 22320 はそれを効果的に実行するための規格である．

表 3.1 リスク対応策の体系

リスクへの対応		ハザード		
		地　震	風水害	津　波
	回　避	活断層法	氾濫原での住宅建設禁止	土地利用（高台移転）
	緩　和	建物の耐震化	河川整備	防災施設整備（堤防・堅牢建物）
	転　嫁	地震保険	総合保険	地震保険 共済・講
	受　容（保有）	避　難（災害対応）		

リスクの対応策として回避，緩和，転嫁，受容の4種類があることを述べてきたが，どのような場合にどの対策を選択すべきかの目安も実務者がぜひとも知りたい情報である．どの予防対策を選ぶかを決めるには，リスクの大きさだけでなく，リスクの性質も関係してくる．災害の発生確率も高く，その影響が大きい場合，リスクの回避策を選択することが確実である．発生確率と影響

度が中程度の場合にはリスクの緩和策が選択されるのが一般的である．発生確率が低いものの，起きた場合の影響が大きな場合はリスクの転嫁策が推奨されている．どの種類の対策を選ぶか，あるいは複数の対策を組み合わせるかは，それぞれの対策がもつコストベネフィットを勘案しながら決定していくことになる．

3.2.4　危機対応策の選定：マネジメント計画の立案

　万が一の危機の発生に備えてどのような対応をすべきかについて，あらかじめ計画すべきことは2種類ある．オペレーション計画とマネジメント計画である．オペレーション計画とは，現場でどのような活動をすべきかを規定する計画であり，いわば危機対応の"What"を規定するものである．一方のマネジメント計画は，現場活動を効果的にするためにどのように後方支援するかを規定する計画であり，いわば危機対応の"How"を規定するものである．ISO 22320は基本的には後者を支援するための国際規格である．

　ISO 22320には危機対応を効果的に進めるために最低限必要となる3要素が規定されている．個々の部局や組織の指揮統制のあり方，危機対応活動に必要となる情報処理のあり方，そして部局間あるいは組織間の協力連携のあり方である．これら3要素はどれも危機対応のHowに関連している．逆にいえば，ISO 22320には危機対応のWhatが規定されていないのである．その理由は，危機対応のWhatは個々の組織がそれぞれ直面するリスクに応じて規定するべきものだからである．

　危機対応にあたっては，すべての関係者が現場で対応するとは限らない．危機の規模が小さい場合には，短時間で収拾されるため関係者すべてが現場にいるかもしれない．しかし危機の規模が大きくなると，複数の現場が存在し，危機の収束まで長い時間が必要となり，人員の交代も必要となる．そのため，それらの現場活動を調整するために危機対応本部が設けられるのが通例である．危機対応本部の役割は，現場での危機対応を最大限効果的にするために必要となる後方支援である．危機対応のHowであるマネジメント計画では，最前線

3.2 危機管理計画の立案（P）

の現場と後方の本部が連携して効果的な危機対応を実現するためには何が必要なのか，を規定すべきなのである．

2011年に発生した東日本大震災は戦後の我が国が経験した最大の自然災害となった．2万人にも及ぶ犠牲者が生じただけではなく，岩手県，宮城県，福島県という3県が同時被災し，1961年に災害対策基本法が制定されて以来初めて国が緊急災害対策本部を設置するなど，災害対応面でも多くの自治体を巻き込む超広域災害となった．その際の国の応急対応のあり方を検証するため，2011年秋に"東日本大震災における災害応急対策に関する検討会"が設けられたが，この検討会では期せずして各省庁から効果的な応急対応を進めるために緊急対応組織が考慮すべきマネジメントに関して類似した指摘がなされた．その共通点を図示したものが図3.1である．

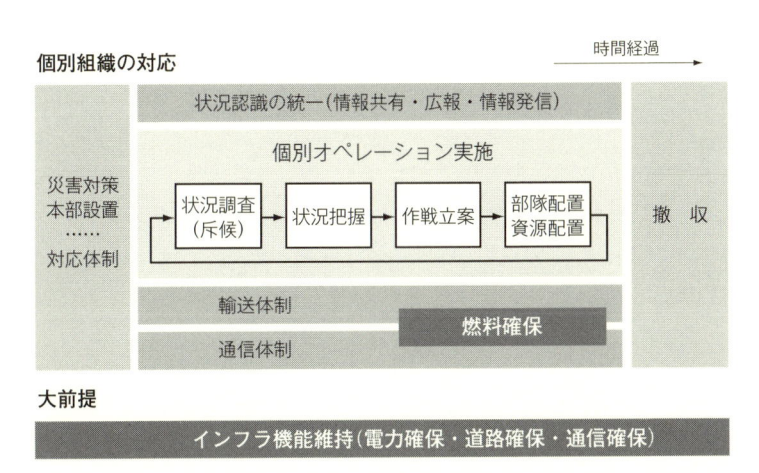

図3.1 東日本大震災の経験に基づく効果的な危機対応の実施のための教訓

図3.1は危機対応にかかわった個別の組織の観点でまとめられている．この図の下部にある"大前提"とは，個々の危機対応組織が活動するためには，電力，交通，通信という三つの社会基盤の機能が確保されていることが前提であることを示している．したがって，危機対応の第一歩はこうした基本的な社会基盤機能を社会全体として回復させることから始めなければならないことがわ

かる．東日本大震災の例では，被災地での道路，電力，通信機能が回復するまでに約1週間を要している．これは，災害発生後の最初の1週間は自己完結型の装備をもつ専門的な危機対応組織しか活動できていないことを示している．いい換えれば，東日本大震災で様々な活動を行った個々の組織の活動が本格化したのは第2週目からなのである．自己完結型の装備をもたない危機対応組織が災害発生直後から必ずしも十分な活動ができるわけではないということは，大規模な危機がもつ特性として，合理的な危機対応計画の立案の際に忘れてはならない点である．

　自己完結型の装備をもたない危機対応組織の活動が図3.1の上の部分に示されている．ここでは左から右に時間が流れていると考えていただきたい．まず最初に，個々の危機対応組織が危機発生にあたって取り組むべきことは危機対応体制を確立すること，つまり組織としても指揮統制の体制を整えることである．次にすべきなのは，組織内の通信体制と輸送体制を整えることである．これによって関係者間での相互コミュニケーションが可能になり，必要とされる人や物資を必要される場所に必要とされるときまでに送り届ける体制が整うことになる．それは単に関係者を網羅した電話番号簿を作成し，レンタカーを借り上げるだけの場合もあれば，新たに通信回線を敷設し，道路通行を確保する場合もあり得る．

　組織，通信，輸送の各体制が整備されることで個別のオペレーションが可能になる．その内容は多岐にわたる．しかし災害対応本部としてどのオペレーションにも共通する要素が存在している．基本的には，①まず（必要に応じて調査部隊を派遣して）現場の様子を調査し，②それを基に状況把握を行い，③必要とされる対応策を練り，④必要な人や物資を送り出す，という活動サイクルを繰り返しているのである．危機対応においてもう一つ大切なことは，こうした個別組織の対応の全体像が関係者間で共有されることである．関係者間で状況認識を統一するのはその認識が組織間の協力や連携を実現するために不可欠な要素だからであり，それを可能にする仕組みを構築する必要がある．

　最後に，どのように大規模な危機であっても，危機は必ず収束する．臨時組

織である災害対策本部は，その役割を終え閉鎖されるときが来る．組織には自己保存の慣性力が働くので，臨時組織であっても，一度できた組織を解散することは難しい課題である．社会から期待されている役割を果たさずに活動を停止することは，危機対応の本来の目標を達成できないことになるが，その一方で，必要とされる期間以上に組織が存在することは資源の無駄にほかならない．臨時組織を解散すべき適切な時期を選ぶために，いつ，どのような状況になれば組織を解消するかについて，活動の途中から撤収に関する専門の検討チームを設けて，正しいタイミングと正しい終わり方とは何かを検討・調整しておく必要がある．

3.2.5 危機対応策の選定：オペレーション計画

　オペレーション計画は現場での効果的な対応を実現するために必要となる事柄を規定する計画である．たとえ同じ現場にいたとしても，警察と消防と医療とでは皆異なる活動をしている．活動ごとにやるべきことが異なるので，それぞれの計画の内容は異なり，オペレーション計画は内容が多岐にわたり，一見すると共通性が存在しないように思える．しかし，例えば消防活動だけを取り出して見てみると，ある現場での活動内容の一部は次の災害現場でも繰り返されている，あるいは同時に発生した他の現場でも繰り返されている可能性が高い．つまり特定の活動に限ってみると，活動内容の少なくとも一部はどの場合でも繰り返されているのである．こうした繰り返しとられる活動については，事前に計画しておくことが可能である．要するに，オペレーション計画の立案にあたっては，活動ごとに，経時的比較あるいは現場間の相互比較を通じ繰り返し発生する業務を抽出して，それについて一般化した計画を立案していくことが必要になるのである．

　危機対応において実施すべき活動の8割程度は繰り返し起こるといわれている．これは逆に，危機対応において新しい課題は2割程度しか存在しないということになる．危機対応において繰り返し起こる課題と新しい課題との関係を図示したものが図3.2である．この図によると，繰り返し起こる課題と新

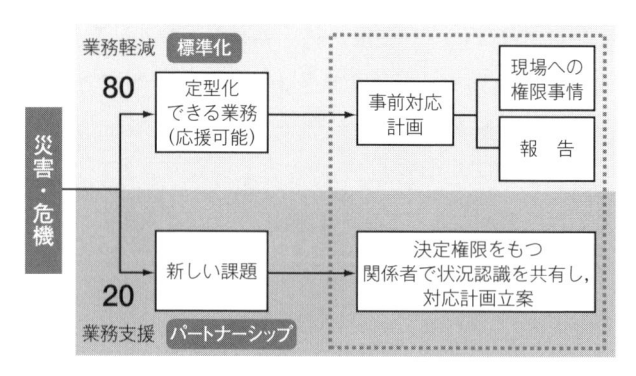

図 3.2 事前に計画できるオペレーションと
その場で計画するオペレーション

しい課題とは対応方法が異なることが明らかである．繰り返し発生する課題については，事前に対応計画を立てて文書化し，オペレーションマニュアルとして整備しておくことが可能になる．その結果，活動を開始する条件を満たしているかを判断するだけで，速やかな対応が可能になる．また，マニュアルによって何をするべきかの目標，どのような結果が期待できるかも明示されているため，現場に実行権限を委譲することができると同時に，現場から進捗状況の報告を受けるだけで，現場がどのような状況にあるかを知ることも可能になるのである．

　一方，危機対応において2割ほど存在すると推定された新しい課題については，関係する各組織から決定権限をもつ実力者が一堂に会して，何を目標にして，どのように対応すべきかを決定し，速やかに実行に移すことが求められている．いい換えれば，この種の課題については危機発生後にその場で対応計画を立案することが求められていることになる．

　これまでの議論をまとめると，危機対応において繰り返し起こる課題と新しい課題の違いは，事前に対応計画を立案することができるか，あるいはその場で対応計画を立案しなければならないかの違いで，本質的には対応計画立案の時期の違いにすぎないことになる．いずれの場合でも計画立案においては決定権限をもつ人々の合意が必要となるからである．このことは繰り返し起きると

予想される課題に関して事前に対応計画を策定した経験，つまり計画立案の経験知があれば，新たな課題に対してその場で計画を立案することに役立つことを示唆している．より重要なのは成果物としての計画ではなく，計画の立案能力を向上させることであることを示しているのである．

3.2.6 危機管理計画の文書化

　前項で大切なのは成果物としての計画そのものではなく，計画立案能力であると述べた．しかし，これは決して危機管理計画の文書化を否定するものではない．むしろ危機管理計画の文書化は危機管理の能力の向上にとって必須な要素である．そもそも成果物としての計画がきちんと文書化されなければ，関係者に計画そのものを周知することができない．危機対応は多くの人々の協力なしには実行し得ない性質の課題であり，危機対応者の数が多くなればなるほど，組織内の他の部署からの応援者や，他の組織からの応援者も含まれるので，全員が計画を熟知していると想定することには無理がある．そうした計画に不慣れな対応者たちが統制のとれた組織的な活動をするためには，まずどのような状況にあるか，何をすべきかについての認識を共有する必要がある．それを最も確実にしかも容易にする手段として，情報の文書化は不可欠である．
　一方で，危機対応のすべてが文書化できるとも考えづらい．なぜならば，前項で述べたように，危機対応にはそのとき初めて発生する新たな課題が存在するからである．危機対応マニュアルでも通常の業務マニュアルでも，規定されたとおりに業務を遂行することが求められる点は共通している．しかし，通常の業務マニュアルとは違って危機対応マニュアルでは事態がマニュアルどおりに推移しないことも想定していなければならない．マニュアルどおりに事態が推移しないこと自体が，その事態が新たな課題の一種であることを示唆しており，決定権限をもつ人々が集まってその場で計画を修正すべき事態であることを教えてくれるのである．そのとき，参集すべき関係者に十分な計画立案能力が備わっている必要があることが，通常の業務マニュアルと異なる危機対応マニュアルの特徴であるともいえる．

また，計画を文書化する必要性を認めることが，現状の多くの危機管理計画書を肯定するものでないことにも注意が必要である．例えば国の危機管理計画である防災基本計画や地方自治体の地域防災計画を見てほしい．その内容は網羅的であり，文書量が多いうえ，記述そのものも読みやすくわかりやすい文書とはいいがたい．特に切迫した状況で短時間にその内容を理解し，実行することが求められる危機対応の場面で読む文書として見ると，現状の形式で文書化された計画は効果的とはいえない．

　その原因として，現行の危機管理計画が現場で対応にあたる読み手を意識した文書というよりは，業務のすべてを記す百科全書的な文書として文書化されているものが多いことが挙げられる．実際の危機対応に即していえば，危機に際して組織上のすべての立場に立ち，すべての役割を担う個人はいない．しかし，現行の計画には危機対応時のすべての業務が書かれている．しかも業務の流れを中心に記述されているために，担当者が入り混じっている．例えば組織のトップがやるべき戦略的な事項のすぐ後に，現場の担当者が実行する詳細が記述されているといった具合である．

　内容を十分理解している人ならば必要に応じて読み飛ばすことも可能であるが，内容を十分に理解していない場合には，自分に関係ないところを読み飛ばすことができない．そのため，まずその人が果たすべき役割を理解するのに多くの時間と努力が必要となってしまうことが多い．その意味では，それぞれの役割を担う人がどのような対応をすべきかを短時間で理解しやすい形式で危機対応計画を文書化する方法について，より真剣に工夫する必要がある．その好例として，奈良県橿原市の地域防災計画は参考になる．

　ISOのマネジメントシステム規格では階層的な文書体系の構築が重視されている．ISO 9001に関していえば，1次文書（品質マニュアル），2次文書（社内ルールや手順を決めた規定類），3次文書（具体的作業の手順を示した文書），4次文書（仕事の証拠の記録）の4階層が文書体系の一例として挙げられることがある．階層的な文書体系の構築は組織としての計画の全体像を可視化することを可能にする．同時に，組織上の立場や目的，果たすべき役割に応じた文

書の選択を可能にし，構成員に余分な負荷をかけることなく，計画の実行を可能にしている．ISO 22301 の枠組みを援用し，危機を乗り越える能力の継続的な改善を目指すならば，危機管理計画も ISO の他のマネジメント規格を参考にして階層的な文書体系の構築を目指すことが望ましい．

3.3　教育訓練（D）

人間は学習する動物であり，その 7 割は経験から学んでいるといわれる．したがって，危機対応を学ぶという観点からは実際に危機を体験することが最良の学習機会である．しかし，危機はまれにしか起こらない．特に大規模な危機の発生頻度は極めて少ないことを考えると，危機対応を学ぶ機会は非常に限られており，学習しにくいことになる．しかも，通常の学習過程では，学習の成立は過誤（エラー）の減少によって評価されることが一般的である．いい換えれば，人は失敗を通して学ぶのであるが，はたして危機対応に失敗は許されるのだろうか．学ぶ機会が限られていて，しかも失敗が許されないならば，いかにして危機対応体験を平常時から疑似的に提供できるかが，危機対応能力の向上にとって非常に重要であることを示唆している．その意味では，PDCA の D として自ら企画し実施できる危機対応に関する教育訓練のあり方が重要になるのである．

　危機対応能力を向上させるためには，具体的にどのような能力を人々にもたせる必要があるのだろうか．開発すべき能力を同定し，その向上を目指しているのが，米国の危機管理である．2001 年の同時多発テロを契機に作られた国土安全保障省では，2011 年に国土安全保障省が目指すべき危機管理のあり方をまとめて "National Preparedness Goal" として公開した．そこには，危機管理上向上すべき能力（capability）が表 3.2 に示すように全部で 31 種同定されている．それらはテロの予防能力（prevention），国民保護能力（protection），被害抑止力（mitigation），危機対応力（response），回復力（recovery）という五つの分野に分類される．特定の分野に固有の 28 種類

表 3.2 米国の "National Preparedness Goal" が向上すべきと考える 31 の能力

予防能力 (prevention)	国民保護能力 (protection)	被害抑止力 (mitigation)	危機対応力 (response)	回復力 (recovery)
\multicolumn{5}{c}{計画立案能力 (planning)}				
\multicolumn{5}{c}{情報発信・広報力 (public information and warning)}				
\multicolumn{5}{c}{活動調整力 (operational coordination)}				
テロ科学捜査 (forensic and attribution)	アクセス制御 (access control and identity verification)	地域力強化 (community resilience)	緊急輸送 (critical transportation)	経済再建 (economic recovery)
	サイバーテロ対策 (cybersecurity)	施設整備長期計画 (long-term vulnerability reduction)	有害物除去 (environmental response/health and safety)	生活再建 (health and social services)
活動情報処理 (intelligence and information sharing)	活動情報処理 (intelligence and information sharing)	リスク評価 (risk and disaster resilience assessment)	犠牲者対応 (fatality management services)	住宅再建 (housing)
不法流通の阻止 (interdiction and disruption)	不法流通の阻止 (interdiction and disruption)	ハザード分析 (threats and hazard identification)	社会基盤機能維持 (infrastructure systems)	社会基盤機能維持 (infrastructure systems)
	警備 (physical protection measures)		被害者救助 (mass care services)	自然文化遺産保護 (natural and cultural resources)
	リスクマネジメント (risk management for protection programs and activities)		救命救助 (mass search and rescue operations)	
監視・追跡・捕獲 (screening, search, and detection)	監視・追跡・捕獲 (screening, search, and detection)		治安維持 (on-scene security and protection)	
	サプライチェーン保護 (supply chain integrity and security)		通信確保 (operational communication)	
			救援物資 (public and private services and resources)	
			公衆衛生・医療 (public health and medical services)	
			状況分析 (situational assessment)	

3.3 教育訓練（D）

の能力と，五つの分野のすべてで必要となる三つの能力で構成されている．

　分野別能力を縦糸，共通能力を横糸として危機管理の能力を体系化する米国の考え方は，危機対応にはオペレーションとマネジメントの二つの側面があり，それぞれが計画化されるべきである，というこれまでの議論を支持するものである．5種類に分類される28の分野別能力はそれぞれの分野においてなすべきこと，これまでの考え方ではオペレーション計画に対応する．一方，共通する三つの能力は，それらを効果的に推進するために必要となるもの，つまりマネジメント計画に対応するといえる．危機対応とはそのうち主として"response"分野のオペレーションを対象としている．これを参考にすると，危機対応にかかわる者がもつべき能力を教育訓練によって向上させるという観点からは，米国が共通能力として挙げる計画立案能力（planning），情報発信・広報力（public information and warning），活動調整力（operational coordination）を誰もがもつべき能力として全員を対象とした教育訓練の場面で取り上げるべきである．

　危機対応にかかわる誰もが身に付けるべき能力の第一は計画立案能力であるという点は本章でも強調した点である．それでは，計画立案能力はどうすれば身に付くのだろうか．最良の学習方法は繰り返し経験することであると述べた．したがって，いろいろな機会をとらえて実際に計画を立案する経験をもたせることが有効な学習の機会となる．その意味では，平常時に行われる危機対応計画の立案の過程あるいは見直しの過程に危機対応の関係者をできるだけ参画させること自体が教育訓練の過程であると考えられる．いい換えれば，計画立案を外部のコンサルタントに委託し，成果物として計画書だけを受け取る方法では，組織の危機対応能力は向上しにくいともいえる．

　危機対応計画の立案と見直しも常時あるわけではない．それだけのコストをかけることは難しいという場合はどうすればよいのだろうか．その場合には，立案する計画を危機対応計画と限定せずに，あらゆる計画まで広げ，計画立案の経験を積ませることが考えられる．その際にぜひとも経験させるべき要点は，計画とは本質的に次の4要素で構成され，それぞれのケースでこの4要

素を決定することが計画立案である，という点である．

① 状況把握
② 達成目標
③ 対応策
④ 担当者

まず，計画を立てる対象は現在どのような状況なのかを把握する（①）必要がある．次に，その状況で何を成し遂げたいのかを明確にする（②）必要がある．そして，目標を達成するためにするべきことを決定（③）する．最後は誰がその役目を負うのかを決める（④）．この四つが決まれは，計画は完成である．危機対応のように状況が急変する場合には，計画を作ってもすぐに修正する必要があるかもしれないが，その場合にはこの四つを再度見直すことで計画も修正されることになる．この段階では計画は必ずしも文書化されている必要はない．多くの人が計画を正確に共有する必要がある場合には，文書化することが有効になるが，文書化されているか否かは計画の本質ではないのである．

情報発信・広報力と活動調整力という二つの共通能力はまさに ISO 22320 が規定する単一組織の指揮・統制，活動情報処理，部局間・組織間の協力及び連携を基盤とする能力である．このことは，ISO 22320 を採用し，展開していく際には，それによって危機対応時の情報処理と組織運営がよりスムーズかつ効果的になったかを評価基準として，検討することの有効性を示唆している．いい換えれば，危機対応時の情報処理や組織運営のあり方を評価する際の基準として ISO 22320 の要求事項を使うことが可能になるともいえる．

"response" 分野には次のような 11 のオペレーションが示されている，緊急輸送（critical transportation），有害物除去（environmental response/health and safety），犠牲者対応（fatality management services），社会基盤機能維持（infrastructure systems），被災者救助（mass care services），救命救助（mass search and rescue operations），治安維持（on-scene security and protection），通信確保（operational communication），救援物資（public and private services and resources），公衆衛生・医療（public health and

3.3 教育訓練（D）

medical services），状況分析（situational assessment）である．これらの分野については，それぞれの担当者が該当する分野での実際の災害対応の経験の振り返りを通して，個別能力を身に付けるという教育訓練の方針が考えられる．

　危機対応におけるオペレーション能力の向上のための教育訓練の目標は，現場で計画に基づいて的確な対応がとれることである．その意味では，オペレーション従事者全員がオペレーション計画のすべてを理解している必要は必ずしもない．最低限それぞれの従事者が計画上与えられた任務を果たせるだけの理解をもてるようにすることを現実的な達成目標とすべきである．危機対応は多くの応援を必要とすることを考えると，オペレーション従事者への教育訓練に要する時間は最小限であることが望ましい．それを実現するためには，前節で述べた階層的な文書体系の整備が不可欠である．文書化の必要性でも述べたように，短時間に多くのことを学ぶことはできないので，それぞれの任務担当者がやるべきことを1枚の行動指示書にまとめ，報告用のチェック欄を設けるなど，オペレーションマニュアルの記述形式にも工夫が必要となる．

　オペレーション能力の向上には，知識だけでなく，技術的な側面や，現場に臨む態度などの習得も重要な学習課題となる．その意味では実際に対応する場面に近い状況での訓練の実施が有効な学習につながるといえる．訓練の実施にあたって注意すべきことは，個々の参加者にとっては失敗すること，組織全体としては計画に内在する問題点を顕在化させることが訓練の目的であるという認識をもつことである．本番で失敗するよりも，訓練で失敗しておくべきなのである．失敗経験は，なぜ失敗したのか，どうすれば失敗せずに済むのかを人々に意識させ，大きな学習の機会となる．危機対応に際してとるべき手順の確認と称して用意された原稿を会議室で読みあわせる形式の訓練も散見されるが，これでは失敗が許されるという訓練ならではの利点を活かした学習機会にはならないのである．

3.4 危機対応計画の振り返りと評価（C）

　計画を実際に運用してみた危機対応の経験であれ，計画に基づいて実施した訓練であれ，すべてが完璧で，何も問題がない危機対応となることはまずあり得ない．必ずどこかに不具合や予想していなかった新しい課題が発生し，それに対する対応が必要となるはずである．ここで大切なのは実践や訓練を通じて明らかになった現行計画の不備にどう対応していくかである．そのまま放置してしまうのか，その後の計画改善に活かすかの分かれ道である．後者を選択することが，PDCA の C にあたる，危機対応計画の評価である．具体的には，実践や訓練が終了した後に関係者自身がその際の対応について組織的な"振り返り"を確実に実施することである．米国ではこうした組織的な振り返りを"After Action Review（AAR）"と呼び，危機対応能力の向上のために積極的に活用している．

　AAR では，自分たちの活動にどのような問題があったかを検証する．進行手順は次のようなものである．まず，実際にどのような活動がなされたのかを振り返る．次に，何をすべきだったのかを振り返る．両者を比較し，実際にとられた行動とすべき行動との間にある食い違いが解決すべき問題として定義される．そして第3ステップとして問題を生んだ原因を分析する．最後は，問題を改善する方法について検討する．この四つの問いに答えることを，関係者が現地で活動を終了した直後に実施し，対応の質の改善に即つなげることが AAR の最大の特徴である．AAR は 1980 年代から米軍で利用され始め，その有効性によって現在社会各層に普及している．防災の分野でも 2005 年のハリケーンカトリーナ以来，大きな災害の後に防災関係各機関がそれぞれ振り返りを行い，その結果をまとめた"After Action Report"を公開することが定着している．

3.5 改　善（A）

　改善は PDCA サイクルの A にあたる最後のステップであり，次のサイクルの出発点でもある．それまでの対応や考え方の流れとは異なる流れを生み出す分岐点となる重要な要素であり，大きな決断を必要とするステップでもある．そのため，このステップでの組織トップの関与の大切さが指摘されている．しかし，トップがすべての改善に関与できると考えることも現実的とはいいがたい．ISO 9000 シリーズの 2000 年版では，"方針展開の大きな PDCA" と "製品実現での小さな PDCA" という 2 種類の PDCA サイクルが存在するといわれることがある．トップの積極的な関与が不可欠なのは大きな PDCA サイクルである．一方で，計画の改善は多くの場合小さな PDCA サイクルなのである．これまでの議論は計画の実行性を高めるための改善が主であり，どちらかといえば小さな PDCA について述べてきた．

　小さな PDCA サイクルでは何度もサイクルを回す必要がある．なぜならば，最初から完璧な計画は存在しないからである．計画を改善する出発点として，実際に危機対応を経験することは，たとえ小規模なものであっても，多くの改善すべき点を明らかにする．たとえ実践の機会がないとしても，訓練によって改善すべき点を明らかにすることは非常に重要であり，現行の計画の不具合をどのように改善すべきかを明らかにするのが実際の危機対応や訓練後の AAR である．それを反映させて新たな計画を素早く策定することで計画の改善が進むことになる．こうした小さな PDCA サイクルを迅速に回す仕組みを組織内でどう構築するかについては，大きな PDCA サイクルの中で検討する必要がある．

　それでは，大きな PDCA サイクルはいつ回すことになるのだろうか．その答えはそれまでの計画では扱いきれない "想定外" の事態が発生した場合である．3.2.5 項で危機対応の 8 割は危機のたびに繰り返し発生すると述べた．この種の対応はある程度精度も高く，計画の不具合というよりも，担当者の能力不足が問題になる可能性も大きい．したがって計画という面からはのちの

AARでもあまり問題になりにくい部分である．一方で危機対応の2割はそのとき新たに発生した課題であると述べた．この部分が対応後に行われるAARで中心的に議論される課題となろう．それを通して，新たな課題が繰り返し起こる課題として計画に組み込まれていくというのが計画そのものの質が向上する過程であり，いわば小さなPDCAサイクルが回る事態である．

　危機対応においては，それまでの計画や教育訓練，そして装備などが全く歯が立たない事態も存在し得る．いわば"負け戦"である．そこで感じる"このままではだめだ"という危機感が，大きなPDCAサイクルを始動させることになる．しかし，それはそれまでの危機管理体制のあり方を根底から見直すことであり，国際規格のような比較対象をもたない場合には，非常に難しいことであるのも事実である．

3.6　ISO 22320の導入にあたって

ISO 22320を組織に導入するにあたって留意すべきことを議論してきた．まとめとして本章で述べた危機対応能力向上のための要点を23のポイントに整理するので，改めて各組織の危機対応の現状と比較しながら検討してほしい．

① 危機対応は危機管理の一環であり，危機対応だけを向上させることはできない．

② 危機対応能力を高めるためには，危機対応を組織の事業継続マネジメントシステム（Business Continuity Management System：BCMS）について規定しているISO 22301と連携して使用することが望ましい．

③ 危機対応能力の向上は，ISO 22301が提唱するPDCAサイクルを回す仕組みを適用することで，その組織に適した危機管理計画を成果物として作成する能力の向上として実現できる．

④ リスクに関する認識を関係者で共有する．

⑤ 大きなリスクについては予防策を講じておく．

⑥ リスク予防対策として回避，緩和，転嫁から適切な方法を選択する．
⑦ 同時に，どのような原因であれ，被害が発生した場合に備えてオペレーション計画とマネジメント計画を整備する．
⑧ マネジメント計画では，最前線の現場と後方の本部が連携して効果的な危機対応を実現するために必要な事項を規定する．
⑨ まず対応組織，通信，輸送の各体制が整備する．
⑩ 各オペレーションでは，1)現場調査，2)状況把握，3)対応策決定，4)必要な人員物資の配置，という活動サイクルを繰り返す．
⑪ 関係者間で状況認識を統一する．
⑫ 活動の終了時期と方法を検討する．
⑬ オペレーション計画では，現場での効果的な対応を実現するために必要な事項を規定する．
⑭ 繰り返し発生する事項については，事前に対応計画を立て，文書化し対応オペレーションマニュアルを整備しておく．
⑮ 新しい課題については，関係する各組織から決定権限をもつ実力者が一堂に会して，危機発生後に対応計画をその場で立案する．
⑯ それぞれの役割を担う人が対応すべきことを短時間で理解しやすいように計画を階層的に文書化する．
⑰ マネジメント能力を向上させるために，全員を対象として計画立案能力（planning），情報発信・広報力（public information and warning），活動調整力（operational coordination）について教育訓練する．
⑱ 計画立案能力の向上にあたっては，1)状況把握，2)達成目標，3)対応策，4)担当者の4要素を決定することを実際に計画立案を通して経験させる．
⑲ 危機対応においては，必要とされるオペレーションを同定し，実際の災害対応の経験の振り返りを通してやるべきことを行動指示書に整理する．
⑳ 訓練によって計画に内在する問題点を顕在化させる．
㉑ 危機対応や訓練が終了した後に関係者自身で"After Action Review（AAR）"を実施し，その際の対応を組織的に振り返る．

㉒ AARを通じて明らかになった現行計画の不具合を改善した新たな計画を素早く策定する．

㉓ それまでの計画や教育・訓練・装備などが全く歯が立たない事態を経験した場合には，危機対応のあり方を抜本的に改革する．

コラム 危機対応と ICT システム

　これまで，数多くの日本国内の自治体や企業の危機管理室（災害対策本部等）を見てきたが，大体その形態は同じであり，現場映像のモニタリングと地図（電子地図や紙）を使って被災箇所等の共有が行われている．そして，その横にはホワイトボードがあり，"何時何分に何がどうなった"というレポートが箇条書きで記載してあるほか，固定電話による電話会議が行われている．

　これは，一見問題がないように見えるかもしれない．しかし，世の中ではICTが急速に発展し，職場ではどんどん新たなICTシステムが導入されているにもかかわらず，映像や地図に情報が表示されるだけで満足し，危機対応活動が手書きのホワイトボードを中心に行われているというのがICT先進国の日本の実態なのである．

　米国でも郡から州まで様々な危機管理室を見てきたが，日本と大きく違う点が二つある．一つは，米国ではICTシステムが危機対応の中心で活用されているという点であり，もう一つは，ほとんどの自治体で危機管理の専門職員が，ICTシステムとともに365日24時間常にホットスタンバイ状態で待機しているという点である．

　これは，米国では危機対応の標準（ICS）が既に整備され，それに対応した体制が整備されているとともに，ICTシステムが広く活用されているためである．この違いが危機対応力の違いに直接結びつくかどうか明言はできないが，米国の方が効率よく活動情報を処理し，組織間連携がスムーズに行われていることには違いない．

　ISO 22320は，上記のような日本の旧態依然の危機対応の仕組みを打破し，情報の活用や組織間連携を促進し，危機対応の効率化を実現するための根幹となり得るものである．これまでホワイトボードに書かれていた情報をいかにデジタル化し活用できるようにしていくか，活動情報提供プロセスをICTシステムでいかに具現化するかなど，ICT分野で研究開発に携わる我々にとっての課題は多いが，既に米国で具現化されているものも存在するため，米国を参考にしつつ，さらに日本のノウハウを活用した利便性並びに実効性の高いICTシステムを実現し，最終的には災害大国日本で実績を上げた技術を広く世界に広げていきたいと思う．

（前田　裕二）

第4章

ISO 22320 を現場に活かすには

注:4.1節及び 4.3 節では,ISO 22320 の規定を引用している箇所があるが,これらでは ISO 22320(JIS Q 22320)の規定文を使用しているため,第 2 章の"要求事項の要約"とは文言が一部異なる場合がある.

4.1 ISO 22320 を使って福島第一原子力発電所事故を読み解く

ISO 22320 は，危機対応時の組織内の指揮・統制，活動情報の提供・処理や利用，組織間の協力・連携について必要な事項を定めている．危機対応において必要な要素は多々あるが，この三つの柱が特に重要であり，現実にこれを遺漏なく行うことの難しさを暗示しているといえる．

本項は，事例を基に ISO 22320 の現場における適用性と今後の活用可能性について考察するものである．事例としては，東日本大震災において発生した東京電力福島第一原子力発電所の一連の事故に焦点を当てた．原子力事故は地震や津波などの自然災害と異なり極めて特殊性の高い事象であり，危機対応には高度な専門知識と専門スキルが要求される．また我が国では，原子力災害に対しては災害対策基本法ではなく原子力災害対策特別措置法（以下，"原災法"という）が適用され，原子力緊急事態宣言が出された場合には原子力事業者ではなく内閣総理大臣が全権を掌握し，指揮統制にあたるという特殊性をもっている．その意味では，一般的な組織が遭遇し得る危機事象に比して顕著に特殊であることは否めない．しかし一方で，この事故については，国会東京電力福島原子力発電所事故調査委員会（以下，"国会事故調"という）をはじめとして，東京電力福島原子力発電所における事故調査・検証委員会（以下，"政府事故調"という），福島原発事故独立検証委員会（以下，"民間事故調"という），"福島原子力事故調査委員会"及び社外有識者で構成する"原子力安全・品質保証会議　事故調査検証委員会"（以下，"東電事故調"という）などが事故経緯や事実関係を詳細に聴取・整理しているのに加え，新聞報道や書籍など多くの公開資料が入手可能であり，この事例ほど事実関係の掌握がなされている事例はほかにない．そのため客観的な事実に基づいた問題点の検証も行いやすいという特色があった．また，原子力緊急事態宣言が発令されたにもかかわらず官邸のリーダーシップが迷走し，東京電力，原子力安全・保安院，原子力安全委員会など複数の組織間でのコミュニケーションの離齬や価値観の食い違いによる様々な問題が生じたことも，ISO 22320 が提唱する危機対応の

要諦の真価を問うのにまたとない教訓を提供し得ると判断し，この事例を取り上げることとした．事故の専門的見地からの評価は前述の公開資料を踏襲し，ISO 22320 の観点から見て事故における危機対応がどのように評価できるか，現場に適用した場合にどのような効用を期待し得るのか，について主に考察する．

(1) 東京電力福島第一原子力発電所事故の経緯

2011 年 3 月 11 日に発生した東北地方太平洋沖地震及び大津波により，東京電力福島第一原子力発電所（以下，"発電所"又は"福島第一原発"という）は深刻な被害を受け，事態は我が国が過去に経験したことのない複合災害の顔をもったシビアアクシデントに発展した．

度重なる原子炉建屋の爆発やベント（格納容器圧力の異常上昇を防止し容器を保護するため放射性物質を含む容器内の気体を一部外部環境に放出し，圧力を降下させる措置）により，大気中に大量の放射性物質が飛散し，約 1 か月半後には INES（国際原子力・放射能事象評価尺度）で最悪事態を示すレベル 7 と認定された．現在に至るまで事故対応は収束しておらず，多くの地域住民が避難生活を余儀なくされ，地域社会の産業や経済が被っている影響はいまだ全容を把握することもできない．

ここでは，3 月 11 日の事故直後から 3 月 15 日までの 5 日間にわたる東京電力（以下"東電"という）や官邸，原子力安全・保安院や原子力安全委員会の対応のうち，特に ISO 22320 にかかわりが深いと思われる主体と状況を選択的に抽出して検討した．

表 4.1 は，国会事故調がまとめた事故経緯から特に重要と思われるインシデントをリストアップし，危機レベルのステージが上がっていく段階を筆者が 6 段階に分類したものである．地震発生から津波襲来，全電源喪失，1 号機，3 号機，2 号機，4 号機と相次ぐ事態の急転が起きていたことがわかる．

(2) 発電所現場での指揮・統制と活動情報処理

2011 年 3 月 11 日 14 時 46 分の大地震発生直後，非常時の第 1 段階として原子炉は自動的にスクラムした．スクラムとは，地震などの異常が発生した際

表 4.1 30 km 圏内屋内退避指示発表までの事故経緯と危機レベルの変遷
［東京電力福島原子力発電所事故調査委員会(2012)："国会事故調報告書"，
徳間書店を基に筆者が抜粋して作成］

危機レベル	日 付	時 刻	主な事象
レベル 1	2011 年 3 月 11 日	14:46	地震発生
			運転中の 1～3 号機スクラム
			1～4 号機外部交流電源喪失
			1～4 号機非常用電源（DG[*1]）自動起動
			1～3 号機炉心冷却開始
		15:37 頃	最大津波襲来
レベル 2			1～4 号機全電源喪失（SBO[*2]）
		15:42	10 条通報（FAX）
		16:45	15 条通報（FAX）
		18:10 頃	1 号機炉心露出開始
		18:50 頃	1 号機炉心損傷開始
		19:03	官邸　緊急事態宣言発令
		19:04	1 号機海水注入開始
		20:50	福島県が半径 2 km 圏内の避難指示
		21:23	官邸が 3 km 圏内避難，10 km 圏内屋内退避指示（以降の避難指示はすべて官邸）
	3 月 12 日	0:06	吉田所長が 1 号機ベントの準備を指示
		1:30	菅総理らがベントを了承
		3:30	1 号機ベント実施できず
		5:44	半径 10 km 圏内避難指示
		5:46	1 号機淡水注入開始
		7:10	菅総理が現地視察に到着
		6:50	海江田経産大臣 1 号機ベント実施命令
		8:00	菅総理福島第一原発を出発
		9:00	1 号機ベント実施できず
		11:36	3 号機 RCIC（Reaction Core Isolating system, 原子炉隔離時冷却系）停止
		12:35	3 号機 HPCI（High Pressure Coolant Injection System, 高圧注入系）開始

表 4.1 （続き）

危機レベル	日付	時刻	主な事象
レベル 2		14:30	1 号機ベント成功
		15:20	1 号機ベントにより放射性物質が放出されたことが吉田所長から原子力安全保安院等に報告
レベル 3		15:36	1 号機原子炉建屋水素爆発
		18:25	半径 20 km 圏内避難指示
		19:04	1 号機海水注入開始
		19:25	1 号機海水注入中断を指示されるが所長判断で継続
		19:55	菅総理が海水注入了解
	3 月 13 日	2:42	3 号機 HPCI 停止
		9:10 頃	3 号機炉心露出開始
		9:20 頃	3 号機ベント
		9:25	3 号機淡水注入開始
		10:40 頃	3 号機炉心損傷開始
		13:12	3 号機海水注入開始
レベル 4	3 月 13 日	11:01	3 号機原子炉建屋水素爆発
		13:25	2 号機 RCIC 停止と判断
		17:00 頃	2 号機炉心露出開始
		19:20 頃	2 号機炉心損傷開始
		19:54	2 号機海水注入開始
	3 月 14 日	4:00 頃	菅総理が清水社長に全員撤退について確認
		5:30	東電本店に菅総理を本部長とする統合対策本部立ち上げ
レベル 5		6:00 頃	2 号機格納容器破損？放射性物質大量放出
レベル 6		6:12	4 号機原子炉建屋水素爆発
		11:00	20～30 km 圏内屋内退避指示
		午前中	大熊町オフサイトセンター放棄

[1] DG, Diesel Generator
[2] SBO, Station Blackout

4.1 ISO 22320 を使って福島第一原子力発電所事故を読み解く　139

に自動的に炉心に制御棒が入り原子炉が緊急停止することである．この情報は，中央制御室のメンバー間ではパネル表示及び口頭によって即時に共有された．さらに外部電源が喪失していることの周知，非常用電源（以下，"DG"という）自動起動，非常用炉心冷却装置（以下，"ECCS" という）待機についてもパネル表示及び口頭によって共有された．

　当時同発電所の吉田昌郎所長は別棟の所長室にいたが，即座に総務グループに職員点呼と安否確認の指示を出し，緊急時対策室が設置される免震重要棟に移動している．大津波警報については緊急時対策室で情報を入手し，中央制御室及び敷地内にはあらかじめ備えられていた情報伝達手段（コードレスフォンやページングシステム）によって迅速に共有された．スクラム後の操作，非常用電源の点検にも専門要員が迅速に向かっている．大津波が襲来するまでの初期の危機対応に関する目標設定，活動情報の収集・処理や各自役割分担と責任遂行は円滑に行われており，危機レベルの第1段階における対応には日頃からの備えが奏功したことがわかる．

　大津波が襲来し，事態が一気に深刻化してからの対応はどうだったか．DGは海抜10 m の位置にあったが，大津波は DG をも一気に飲み込んだ．そのためせっかく起動した DG は機能停止し，高圧配電盤も故障した．中央制御室でも直ちにこの事態を把握したが，DG によって点灯していたパネル表示類はすべて滅灯し，非常灯を残して暗闇に陥った．外部交流電源，非常用電源ともに失われた状態を SBO（Station Blackout：全交流電源喪失）というが，このとき発電所は危機レベルの第2段階に突入したといえる．

　SBO の情報は中央制御室の職員間では口頭によって共有され，緊急時対策室の吉田所長には電話で伝えられた．関係者はこの時点で，運転中であった1〜3号機の ECCS のモニタリングができないことを察知し，原子力災害対策特別措置法10条通報及び15条通報に相当する事態であるとの認識をもち，実際に FAX で通報を行った．これは ISO 22320 の規定では箇条4（指揮・統制に関する要求事項）の "4.1　一般" における "法令順守（及び賠償責任対策の徹底）"，"4.2.2　役割及び責務" における "法的及びその他の義務事項を

明確化し，果たすこと"，"4.2.5　指揮・統制プロセス"における"状況の認識及び予測機能"に該当する．

　吉田所長はトラブル処理に熟練しており，事態を打開するためにあらゆる活用可能な資源から有効な遂行任務を判断，指示する能力をもちあわせていた．ISO 22320 においては，危機対応現場で指揮・統制者は"4.2.2　役割及び責務"で"危機対応の全ての対策を開始し，連携させ，責任を負うこと"が要求されるが，結果的にこの要件は吉田所長という人材によって満たされていた．SBO の情報を受け，東京の東電本店に電源車の手配を要請するとともに，手動で原子炉を冷却する手段を検討し，敷地内に配備されている消防車の手配を指示している．3 台あった敷地内の消防車のうち 2 台は津波のため動けなくなっており，1 台のみが稼働可能な状態であった．吉田所長はさらに本店に消防車の追加手配を要請している．

　中央制御室では，当直長が現場に向かう際には必ず 2 名で行くなどの基本方針と具体的な手順を決め，職員に指示・共有していた．構内放送は使えなくなっていたため，口頭での伝達が頼りであった．ISO 22320 の"4.3　人的要因"には，検討し，適切な処置を講じなければならない人的要因として，"作業分担"，"安全・衛生"，"要員の交替"，"人・機械・システム間のインタフェース設計"が挙げられている．一つの判断ミスが生命にかかわる原発サイトでは最も重要なことである．"5.2　活動情報提供プロセス"における"5.2.2　計画策定及び指示"についても，当時の状況としては最善の対応がなされたことがうかがえる．これらを通じて行われた現場における初期の命がけの対応が，その後の海水による冷却やベントを可能にしたと評価されており，一定の目標は達成されている．

　それにもかかわらず，このような深刻な事態を招いた最大の原因は，DG 及び高圧配電盤を海抜 10 m のタービン建屋の地下室にまとめて配備していたことである．最大で 6 m の津波を想定した対策をとった形となっていたが，それ以上の津波の発生を想定した対策はとられていなかった．1993 年に，原子力安全委員会は"全交流電源喪失の発生の確率は低く，また原子力プラントの

4.1 ISO 22320 を使って福島第一原子力発電所事故を読み解く 141

全交流電源喪失に対する耐久性が十分である"とし，それ以降長時間にわたる全交流電源を考慮する必要はないとの立場をとっており，東電もその見解を採用していた．

しかし 2006 年に原子力安全・保安院が，敷地高さを超える津波が来襲した場合には全電源喪失に至ること，土木学会による評価を上回る津波が到来した場合に海水ポンプが機能喪失し炉心損傷に至る恐れがあることを指摘しており，東電もこの認識を共有していたのである．しかし，新規制に対応することで生じる稼働率低下や従来の主張との矛盾などの理由から，東電は対策実施を先延ばしにしており，保安院もそれを黙認していたことが明らかになっている．

国会事故調報告書でも，東電はシビアアクシデントが周辺住民の健康や生命，地域の環境に深刻な影響を及ぼすことよりも，経営上の効率や利益を優先したと断じている．想定される危機事態に関する情報共有やそれに対する適切な目標設定・更新がなされていなかったこと，そもそも自然災害に起因するシビアアクシデントに対するリスク認識が不適切であったことは多方面で指摘されているとおりである．ISO 22320 の"4.2 指揮・統制システム"では，指揮・統制システムは"どのような種類のインシデントにも適応できる"，"インシデントの展開及び危機対応の結果に応じて柔軟に対応できる"といった要件を満たさなければならないと規定されている．あらゆるインシデントに幅広く柔軟に対応するためには事前にできるだけ遺漏なくインシデントを想定しておく必要があるが，少なくとも今回の事故は，全く想定し得なかった事態とはいいがたい．

ISO 22320 は危機対応時の要件を示したものであるが，それらを順守することにより平常時の危機管理意識や危機管理レベルも向上することが期待されている．発生可能性が極めて低いリスクや，とり得る対策が限られていたり莫大なコストがかかるリスクは想定から外されがちであるが，この"4.2 指揮・統制システム"の内容を忠実に実行しようとする組織にとっては，こうした不作為によるリスクのふるい落としに対する抑制力となり得るだろう．

このような経緯を踏まえると，発電所の現場は，従来想定する必要がない，加えて不作為により対策が先延ばしされた危機事態に直面したことになるが，複数の報告書によると，現場では，こうした危機事態に対する知識や訓練，機材の整備，人的要因にかかわる具体的方針がないにもかかわらず，初動においてでき得る限りの対応を行った．過去に経験したことのない規模の危機事態では，決定権のある人々が新たに対応プログラムを作り直すことが要求されるが，限られた情報と資源のもとで精一杯の対応がなされていたといえるだろう．

しかし，仮に要求事項にあるように現場指揮・統制者及びスタッフの役割や責務が明確になっており，任務の目的に関する共通理解や指揮系統が確立されていれば，指揮・統制者が厳しい選択の葛藤に幾度も苦しんだり，価値観や考え方の相違によるチームワークの乱れに直面したりすることが軽減されたと思われる．

(3) 東電本店との間での指揮・統制と活動情報処理

東電本店との連絡は，当日から福島第一原発の免震重要棟にある緊急時対策室でのテレビ会議を通じて行われた．現地と本店はISO 22320の"4.2.3 指揮・統制体制"にあるように危機対応に忙殺される現場に代わって本店が戦略的リーダーシップをとり，冷静な指揮・統制，活動情報処理，外部機関との協力・連携に関する調整を行う役割を担っていた．つまり中長期的な視野に立ち"事態先取り型"の危機対応によって現場を支援すべき存在であった．しかし当時，緊急対策本部長となるべき社長，会長とも不在であったため，初期の重要な意思決定や官邸との意思疎通に齟齬が生じたことが判明している．ISO 22320の"4.2.2 役割及び責務"では"指揮・統制体制は，指揮・統制者が権限を他の者に委譲できるように組織しなければならない"とある．経営トップ2人が揃って不在となる可能性がある組織であれば，第3席にあたる指揮・統制者をあらかじめ決めておくべきであろう．

今回の事故は従来あえて想定の外に置いていた危機事態であったためか，本店と現場の一体感が不足しており，現場の危機感や切迫感がなかなか共有され

ていなかった．一例として，現場では作業の危険度に応じて職員に安定ヨウ素剤を服用させたいと考えていたにもかかわらず，本店では規則どおり40歳以上は服用対象者としないというスタンスを固持したという例があった．その理由は，原子力安全委員会の規定を順守するためであり，危機対応の当事者としての現場優先の判断ではなかった．前述のとおり，ISO 22320の"4.3 人的要因"には，検討し，適切な処置を講じなければならない人的要因として，"作業分担"，"安全・衛生"，"要員の交替"等が挙げられている．危機対応にはどのような場合でも少なからず危険が伴うものであるため，二次災害を防ぐために非常に重要な視点である．

現場では，暗闇の中文字どおり手探りで図面を読み取りベントに向けて準備をしていたが，本店の緊急対策本部ではそれがいかに困難な作業であるかを理解し，本来であれば現場が少しでも動きやすくするための"活動情報の提供"（ISO 22320では5.2.1にあたる．これには情報収集のみではなく情報の分析，作成，発信・統合という要素も含まれる），すなわち危機対応業務を実施するための指示や達成目標の提示をしなければならなかった．現場と本店との情報共有手段がテレビ会議だけであったため，共有できる情報量に限界があったことは否めない．ISO 22320の"5.2.3 情報収集"には"入手可能な情報源の確認"，"情報の取得"，"5.2.4 情報の処理及び利用"には"情報の初期段階評価（妥当性及びその情報源の信頼性の評価）"，さらに"6.4 情報共有"には"情報共有環境"として"状況認識を統一し，高度な状況認識をもつために活動情報を共有する環境を構築する必要性"が規定されており，本店では社内のテレビ会議システム以外にも各機関等がもつ多様な情報を入手する有効な手段を模索することが望まれたのではないだろうか．

テレビ会議を通じて共有された情報は現場の一次情報そのものであり，危機的状況を共有するうえで一定の役割は果たしている．しかし情報共有手段が限られていたことよりも，同一組織の部署間に危機感のギャップが存在したことは大きな課題である．この"6.4 情報共有"には"顕著な相違を解消するための調整"として，"指揮・統制の最も高い階層から，組織間にある顕著な相

違を解消するための調整の必要性"とも規定されており，本来はこうした温度差を解消するのが本店の責務だったといえるだろう．

　この問題には原子力災害の特殊性も無関係ではない．原災法により，原子力災害のリーダーシップは内閣総理大臣が担うこととされているが，原子力事業者，政府，自治体などの役割分担は詳細には定められていなかった．しかし，初期対応において事態を何とか収拾でき得る主体は，専門的知識とスキルをもっている原子力事業者をおいてない．複数の組織が関与し，複数の指揮・統制システムが絡み合う危機事態においては，こうした混乱が起こり得ることを肝に銘じ，あらかじめ役割分担を明確にしておくことが必要である．

　今回の事態においては，本店の緊急対策本部では，少なくとも初期対応においては組織全体の危機対応の指揮・統制者として全責務を担う覚悟をもち，現場情報を尊重し，主体的に対応を検討することが望まれた．

(4) 現地対策本部と原子力災害対策本部の連携

　大熊町のオフサイトセンター（緊急事態応急対策拠点施設）は発電所の南西約5 km にあり，政府の検知対策本部機能を果たすことを目的に2002年より運用が開始された．現地対策本部は，政府の災害対応活動のイニシアチブをとる組織であり，本部長には経済産業副大臣が就く．現地対策本部は，県災害対策本部とともに原子力災害合同対策協議会を組織して情報交換・相互協力を行うことになっていた．池田元久経産副大臣は3月11日夜にオフサイトセンターにヘリコプターで到着し，東電からは武藤栄副社長が向かったが，当初オフサイトセンターでは地震のためDGが故障し停電していたため，事故発生直後にはほとんど機能しなかった．

　電源が復旧した12日午前3時頃以降，東電は社内のテレビ会議システムをオフサイトセンターにもち込み，発電所，本店の緊急対策本部と通話できる体制を整えたが，オフサイトセンターの通信手段は地震・津波の影響により大きな制約を受けていた．電話，FAXなどの地上系の通信回線は使用不能となっており，外部への通信機能はあらかじめ設置されていた衛星携帯電話2回線のみで，情報伝達に困難を極め，東電内で共有された情報を原子力災害対策本

部に十分に伝えることができなかった．

立地町からの要員派遣は大熊町からのみであり，他の自治体からは地震・津波対応に追われていたため要員派遣が行われなかった．そのため近隣自治体からの情報収集や共有も計画どおりには進まなかった．外部からの情報入手が困難な状況で，避難指示などの重要な情報もテレビの報道から入手していた．現地対策本部の機能の要は，現地の情報を把握すること，それを原子力災害対策本部に報告すること，ERSS（緊急時対策支援システム）や SPEEDI（緊急時迅速放射能影響予測ネットワークシステム）の情報を入手して近隣住民の安全防護策を検討し，記者会見を行うことなどであったが，これらの設備上の事情により十分にその機能を果たすことができなかった．

さらにオフサイトセンターには放射性物質の侵入を遮断するエアフィルターが設置されておらず，換気によって外部の放射性物質が侵入し，周辺の放射線量の上昇に伴って建物内部の放射線量も上昇していくという致命的な欠陥があった．11 日夜には避難区域が 10 km 圏内に拡大され周辺住民が避難し，物流が途絶したことで燃料や食料の調達もできなくなった．オフサイトセンター内には当時 100 人を超える要員がいたとされるが，飲食料や毛布など十分な備蓄がなかった．14 日夜には，室内で毎時 10 マイクロシーベルト，建物の外は 800 マイクロシーベルトに達した．その結果，15 日午前中には現地対策本部要員は福島県庁に待避せざるを得なくなり，オフサイトセンターは放棄された．原子力安全・保安院長を本部長とする原子力災害対策本部事務局では，現地対策本部からの十分な情報が入手できなかったため，自治体や官邸に対してイニシアチブをとることができなかった．

これらの事実は，ISO 22320 の要諦である箇条 4（指揮・統制），箇条 5（活動情報），箇条 6（協力及び連携）の要求事項が，認識されていても危機事態において実行することがいかに困難なことであるかを教えてくれる．これらの要求事項を満たす危機対応事前計画を立てる際に，施設や設備，備蓄についてはその機能を十分に発揮し得るよう可能な限り様々な状況を想定し，十分に耐え得る頑健性や多様性，冗長性を備えておかなければならない．2009 年の総

務省による行政評価・監視の結果，事故発生時のオフサイトセンター内の被曝線量低減策について指摘があったものの，原子力安全・保安院が却下したというが，このような点は前述したように，ISO 22320 の"4.2　指揮・統制システム"で指揮・統制システムが満たされなければならない要件として示されている"どのような種類のインシデントにも対応できる"，"インシデントの展開及び危機対応の結果に応じて柔軟に対応できる"といった要件を満たそうとした場合に，原子力災害の危機対応を担う施設としては最優先されるべき性能である．認識はしていても，組織が実際に行動に移すことの難しさを示しているといえるだろう．

オフサイトセンターが十分機能しなければ，近隣住民の健康や生命，環境にも悪影響を及ぼしかねない．危機対応にあたる組織において，事故発生時の危機対応の全責務を担う存在が明確であり，物流機能，マスメディア及び報道対応機能，通信及び情報伝達機能，警報発信機能，安全管理機能（例えば，現場要員の安全衛生）など指揮・統制プロセスに必要とされる詳細な機能に対して十分な認識をもつことによって，いざというときに機能する計画，施設・設備等が実現できるのではないだろうか．

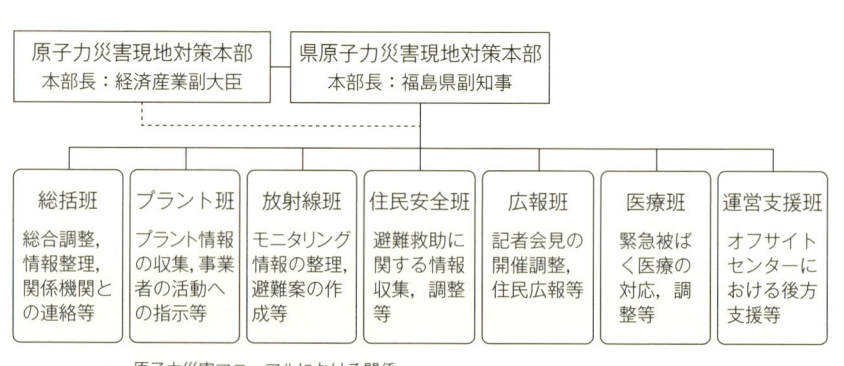

図 4.1　現地対策本部が本来発揮すべき機能
［出典：東京電力福島原子力発電所事故調査委員会(2012)："国会事故調報告書"，
　　p.276，徳間書店の一部を筆者改変］

(5) 東電と官邸との組織間協力連携

官邸対策室（危機管理センター）は地震発生4分後に設置され，地震・津波対応を開始していたが，そのさなかに福島第一原発の状況が急速に悪化し，同時並行で対応する必要が生じた．しかし，東電からの15条通報を受けてから19時03分に緊急事態宣言を発令するまでに2時間を要した．緊急事態宣言は原子力災害対策本部設置や避難指示等原子力事故対応を開始する前提となるため，この時間のロスは大きかった．

菅直人内閣総理大臣を本部長とする原子力災害対策本部（以下"原災本部"という）が設置されたものの，菅総理をはじめとする官邸に詰めた政治家らは，地震・津波対応で手一杯かつ騒然としている官邸対策室を離れ，原発事故の意思決定に集中するため官邸5階に移動した．このため，官邸5階，官邸対策室，事務局となる原子力安全保安院との間で最初の情報断絶が生じたことがわかっている．

オフサイトセンターに設置された現地対策本部は，通信機能障害のために原災本部に十分な情報提供ができなかった．そのため，現場の状況がなかなか把握できない官邸では，東電と保安院に対する不信感を次第に募らせ，過剰な介入を招くこととなったとされている．ISO 22320の箇条4"指揮・統制に関する要求事項"の"4.1 一般"では，複数の組織間，又は単一組織内の複数部署が危機対応に関与する場合は，"関与する組織間又は部署間で，全体的な活動目標について，合意することが望ましい"，"業務上の意思決定は，可能な限り低い階層で行うことを許可し，連携及び支援は必要とされる中で最も高い階層から提供することを許容する体制及びプロセスを構築することが望ましい"，"権限及び各種資源は，危機対応の任務にふさわしいものでなければならない"などと規定されている．もしこの規定を踏まえるならば，官邸対策室原災本部，保安院，東電緊急対策本部，現地対策本部は発電所と緊密な情報共有のうえで全体的な活動目標などについて合意し，現場対応で必要な意思決定については最も低い階層である発電所で行うことを許容することが望まれた．

12日朝の菅総理の現地視察及びベント作業の遅れに対する的外れの叱責，

15日未明の東電撤退問題，東電本店内での統合対策本部設置（本部長は菅総理）などはすべて危機対応組織間に生じた不信感によるものといわざるを得ない．複数の組織が危機対応にあたる際には，責務や役割分担の明確化，複数の指揮・統制システムの有機的な連携に特に配慮が必要であるが，その前提には組織間の信頼関係があると ISO 22320 は指摘している．不信感が生じる最大の原因は，指揮・統制者のリーダーシップ能力やパーソナリティ以前に，平常時からのコミュニケーションギャップ，情報不足，連携・協力において良好な関係を保つための認識・努力が不足していることであることがわかる．

　また，ISO 22320 の箇条5（活動情報），箇条6（協力及び連携）に規定されている要求事項は，特に複数の組織が関与する場合に最も留意すべき事項であるといえるだろう．"6.3.2　連携プロセス"では，"組織は，関係組織間で可能な限り良好な連携を達成するため，複数の階層構造をもつ指揮・統制プロセスを構築しなければならない．このプロセスは，既存の協力協定を尊重しなければならない．関係する組織は，他の組織を評価しなければならない．（中略）全ての組織は，他の組織に対し，その組織に影響を与え得る決定事項を知らせなければならない．"と規定されている．

　また同項では，"現場での早期の連携"として，"初期の危機対応では，人命又は社会基盤を守ること，及び人々を更なる危険から保護することが極めて重要になり得る．この早期の現場での連携は，その後，指揮・統制によって，計画及び持続された連携に引き継がなければならない"，"参画"として"連携に関する全ての組織は，自らに影響する方針，手続き，戦略及び計画の決定に参画しなければならない．連携の担当者は，他の関係者からの信頼を維持できるように行動しなければならない"，さらに，"6.4　情報共有"には，要求事項の前に"情報共有は，連携及び協力の基礎であり，かつ，関係する組織間の信頼に基づく必要がある．複数の組織，又は複数の国家による共同の危機対応の成功は，時宜を得た正確な情報及び効果的な活動情報の共有による"とある．現場の早期対応を尊重することや，既存の専門組織を軽視したり蚊帳の外に置いたりしてはいけないこと，組織間の信頼構築・維持のために，情報共有をは

4.1 ISO 22320 を使って福島第一原子力発電所事故を読み解く 149

じめとしていかに関係者の配慮が必要であるかがうかがえる．

　国会事故調報告書が指摘しているように，仮に官邸に詰めた政治家が情報収集・伝達体制の重要性を認識し，情報収集等に生じた支障を打開する策を講じていれば，政府の危機対応はもっと効率的に行われていた可能性がある．高い階層の指揮・統制システムは，自らの責務を正しく認識し，事態を総合的に俯瞰する立場から具体策を講じる必要があることがわかる．

　高い階層の組織が低い階層にまで直接的に関与することによって，本来危機対応に全権限をもってあたらなければならない現場組織の責任感や当事者意識を希薄化させるという弊害が生じる．また，複数組織の関与の仕方を規定する既存のルール以外の新しいルールが突如登場した場合，緊急時ほどそうした変更に対応することが困難となり，各組織の能動的な判断を奪うこととなる．さらに指揮・命令系統が急遽変更された場合，最も混乱するのは現場対応であることもわかる．

　不信感によって引き起こされた重大な問題の一つに，官邸の関心事項が東電本店や発電所の対応に集中し，近隣住民の防護対策検討や関連市町村との情報共有にほとんど労力が振り向けられなかったことが挙げられる．避難区域設定は官邸で行われたが，その根拠に関する説明はおろか，実際に避難誘導を行う立地近接市町村に対する情報伝達もほとんど行われなかった．多くの市町村が避難指示の決定をテレビの報道で住民と同時に知ったという事実は，複数の市町村へのヒアリング調査からも明らかとなっている．

　これにより，既に地震・津波対応で手一杯であった市町村にさらに多くの負担が生じた．十分な情報提供がなされていなかったため，市町村の住民対応は困難を極め，住民間にも不確かな情報が乱れ飛び，相互不信を生じさせ，適切な危険回避行動をとることを難しくした．初期対応のボタンの掛け違いがしこりとなって，現在も県や国との関係や住民同士の関係においてわだかまりを引きずっている市町村も少なくない．国，県，東電と市町村との間においても，情報不足や協力・連携を機能させるための多くの要件が満たされなかったため，組織間連携がうまくいかなかったといわざるを得ない．初期に生じた不信

図の内容:

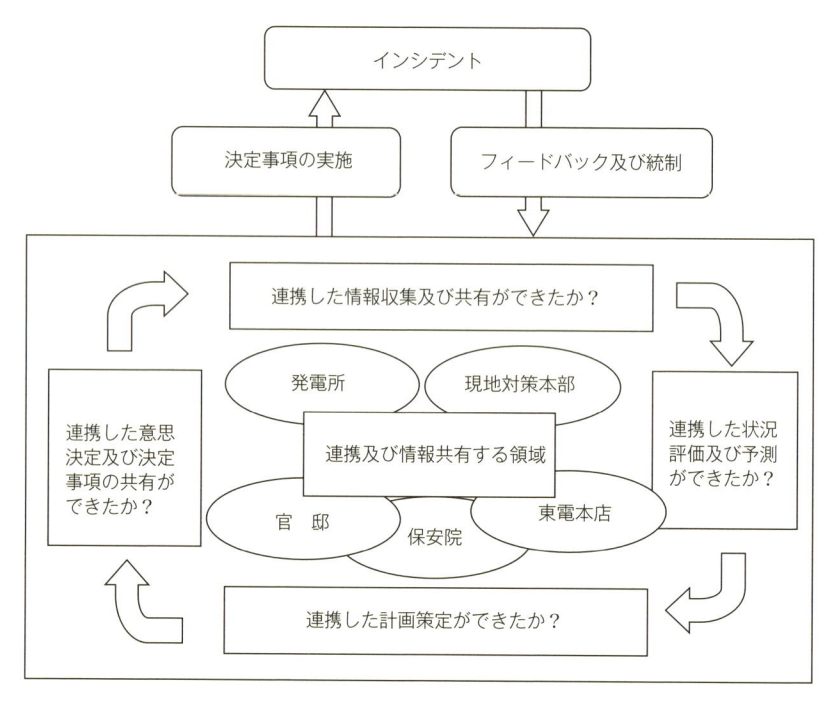

インシデント
→ 決定事項の実施
→ フィードバック及び統制

連携した情報収集及び共有ができたか？
連携した意思決定及び決定事項の共有ができたか？
連携した状況評価及び予測ができたか？
連携した計画策定ができたか？

連携及び情報共有する領域:
発電所／現地対策本部／官邸／保安院／東電本店

図4.2 本事例において望ましい指揮・統制プロセスの循環図
（JIS Q 22320 の図3に準じて筆者が作成）

感は払拭されないまま残り，市町村や避難住民にとって一体感や納得感のある復旧・復興を難しくしているだけでなく，様々な面で長期間にわたって悪影響を及ぼし続けているのである．

(6) まとめ

本節では，東電福島第一原発の事故対応の最初の5日間を取り上げ，発電所，東電本店，オフサイトセンター，官邸それぞれの対応をISO 22320に照らしあわせて考察してきた．過去に例を見ないシビアアクシデントであり，波状的に拡大する危機事象の推移によって，関係者の危機対応が困難を極めたことは紛れもない事実である．しかし現場をはじめとして，個々の組織において懸命に行われた対応の中には，今後の危機対応に活かすべき課題や教訓が多く含まれていた．

同時に，あらかじめ想定からふるい落としたインシデントがどのような恐ろしい事態を招き得るのかも明らかになった．今回とは異なる新たな，誰も思いもよらないインシデントに遭遇した場合に，危機対応のシステムはどうすれば対応することができるのか．今回の事態から学ぶべき教訓として，平常時の不適切なリスク認知，現場を軽視した組織の理論先行と責任の分散のツケは，取り返しのつかない形で現場に降りかかっていくこと，危機対応を行う組織は，地域住民や市町村など地域社会にも目を向け，誠意を尽くして説明責任を果たさなければ後々まで禍根を残してしまうこと，そして，それぞれが"一生懸命"なだけでは，危機対応の実効性は十分ではないこと，などが挙げられる．しかし，ここに記した教訓はほんの一例にすぎない．

福島第一原発事故はまだ終わっていない．しかし，ある市町村職員が"国や県は既に通常モードに戻っており，完全に他人事と化してしまっている"と嘆いているように，一時は我が国全体を巻き込んだ危機感の高揚は，組織によって温度差が広がりつつある．危機対応には短時間で収束できるものもあるが，本事故のように極めて長期間にわたるものもある．後者の場合には，現場がいまだに直面している困難や危機感をいかに継続的に共有・認識し，見通しが立たないことで倍加されている周辺市町村や避難住民の心理的苦痛を加味した同じ痛みをすべての関係組織が感じながら，時間の経過を意識した継続的な問題解決・支援策を打ち出し続けることができるかが，組織の危機対応の真価を表すものといえるのではないだろうか．

4.2　ISO 223xx ファミリーの中の ISO 22320 の位置付け

本節では，ISO の専門委員会の一つである ISO/TC 223（社会セキュリティ）が 2005 年から検討を続けている社会セキュリティに関する一連の規格（本節では TC 223 で規格開発を行っている一連の規格を"223xx ファミリー"と記す）の中から，ISO 22301 を中心とする"事業継続マネジメントシステム（BCMS）"と，ISO 22320 を中心とする"緊急事態管理"に関係する規格

について概要を説明する．

表4.2の網掛け部分から明らかなように，TC 223で発行又は開発中の規格は，ISO 22301を核とするBCMSに関する3規格（A群）と，ISO 22320を中心とする緊急事態管理に関する5規格（B群）が存在している．なお，BCMSは主に個別組織（公共，企業，団体，NPOなど）を対象としており，緊急事態管理は主に組織間連携による地域社会の災害や事故・事件対応を対象としている．

A群　BCMSに関係する規格（主に個別組織を対象）
　　ISO 22301　　社会セキュリティ―事業継続マネジメントシステム―要求事項
　　ISO 22313　　社会セキュリティ―事業継続マネジメントシステム―指針
　　ISO/PAS 22399　社会セキュリティ―緊急事態準備と業務継続マネジメントガイドライン

B群　緊急事態管理に関する規格（主に地域社会を対象）
　　ISO 22320　　社会セキュリティ―緊急事態管理―危機対応に関する要求事項
　　ISO 22322　　社会セキュリティ―緊急事態管理―警報システム
　　ISO 22324　　社会セキュリティ―緊急事態管理―色コードによる警報
　　ISO 22325　　社会セキュリティ―緊急事態管理―緊急事態管理能力評価の指針
　　ISO/TR 22351　社会セキュリティ―緊急事態管理―情報交換用のメッセージ構造

A群の規格では，ISO/PAS 22399が最も早く発行されたが，この規格は2005年4月当時に各国で使用されていた事業継続及び業務継続に関する国内外の規格及びガイドラインのよいところを選択・整理したものであった．

・ANSI/NFPA 1600（米国）

4.2 ISO 223xx ファミリーの中の ISO 22320 の位置付け

表 4.2 ISO/TC 223 で発行又は開発中の規格（2014 年 1 月現在）

規格番号	名　　称	状　態
ISO 22300	社会セキュリティ—用語	2012 年 5 月発行済み
ISO 22301	社会セキュリティ—事業継続マネジメントシステム—要求事項	2012 年 5 月発行済み
ISO 22311	社会セキュリティ—ビデオサーベイランス—データのエクスポートの相互運用	2012 年 11 月発行済み
ISO/TR 22312	社会セキュリティ—技術能力	2011 年 7 月発行済み
ISO 22313	社会セキュリティ—事業継続マネジメントシステム—指針	2012 年 12 月発行済み
ISO 22315	社会セキュリティ—集団避難	開発中
ISO 22316	社会セキュリティ—組織レジリエンス—原則及び指針	開発中
ISO 22320	社会セキュリティ—緊急事態管理—危機対応に関する要求事項	2011 年 11 月発行済み
ISO 22322	社会セキュリティ—緊急事態管理—警報システム	開発中
ISO 22324	社会セキュリティ—緊急事態管理—色コードによる警報	開発中
ISO 22325	社会セキュリティ—緊急事態管理—緊急事態管理能力評価の指針	開発中
ISO/TR 22351	社会セキュリティ—緊急事態管理—情報交換用のメッセージ構造	開発中
ISO 22397	社会セキュリティ—組織間連携協定の構築の指針	開発中
ISO 22398	社会セキュリティ—演習の指針	2013 年 9 月発行済み
ISO/PAS 22399	社会セキュリティ—緊急事態準備と業務継続マネジメントガイドライン	2007 年 11 月発行，廃止済み

- BS/PAS 56（英国）
- HB 211（オーストラリア）
- SS 507（シンガポール）
- 事業継続計画策定ガイドライン（日本，経済産業省）
- 事業継続計画ガイドライン（日本，内閣府）

　この ISO/PAS 22399 には，要求事項となる部分（後に ISO 22301 として 2012 年に規格化）と指針になる部分（同じく ISO 22313 として 2013 年に規格化）が含まれていたが，ISO 22301 及び ISO 22313 がそれぞれ発行された現在はその役目は終了している．

　ISO 22301 は BCMS に関する要求事項規格であり，ISO 22313 はそれを補完する指針である．前者は要求事項に重きがあるため，抽象的な記述が多く理解が難しい部分があるが，後者はその点を含めある程度具体的に規定している．なお，BCMS は，事業継続計画（Business Continuity Plan：BCP）と事業継続マネジメント（Business Continuity Management：BCM）を包含しており，これらの関係を図 4.3 に示す．

　BCM を毎年改善しようとすると結果的に BCMS になるが，そのためには，経年比較のためのデータと解析が必要となり，また，災害や事故・事件の一歩手間であるニアミス・ヒヤリハットのデータも集積することになる．

　BCP 及び BCM の欠点は，担当役員や担当者が代わると（防災や防犯の）レベルが低下することであるが，BCMS は担当役員や担当者が代わってもその効果は低下しないシステム（図 4.4）になっている．ただ，一部から指摘されるように事務作業量は BCP や BCM よりは多くなる．

　BCMS は個別組織の防災力・防犯力並びに ICT 障害・サプライチェーン障害への対応力を改善させるためには極めて有効な手段であるが，表 4.3 に示すような個別組織では対応しきれない巨大な自然災害及び人為災害や，欧州のように入り組んだ国境の近くで発生する火災や交通事故には組織間の連携が求められる．これに対応するのが前出の B 群の規格である．

　B 群は組織間連携を含むため，個別組織で構築が可能な A 群と比較すると，

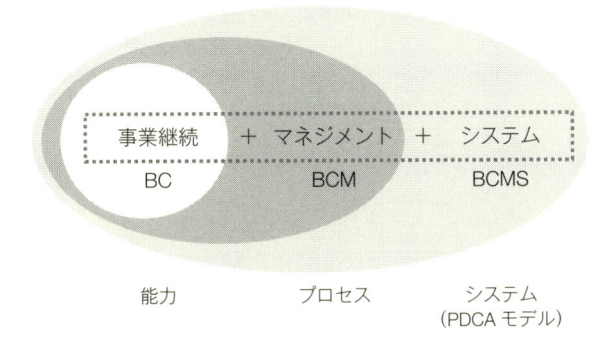

4.2 ISO 223xx ファミリーの中の ISO 22320 の位置付け

```
     事業継続  ＋  マネジメント  ＋  システム
       BC            BCM              BCMS

       能力         プロセス          システム
                                    (PDCA モデル)
```

- 事業継続(BC)：中断阻害を伴うインシデント後に，組織が製品サービスの提供を継続する能力．
- 事業継続マネジメント(BCM)：事業継続の目的を達成するために，それを妨げる中断阻害を伴うインシデントへの対処を準備するためのプロセス．
- 事業継続マネジメントシステム(BCMS)：BCM が運用され，評価され，継続的に改善されるシステム．
- 事業継続計画(BCP)：事業の業務の中断・阻害に対応し，事業を復旧し，再開し，あらかじめ定められたレベルに回復するように組織を導く文書化された手順．

図 4.3 事業継続の用語の定義の整理

[出典：岡部紳一(2013)："JIS Q 22301, JIS Q 22320 要点解説説明会"講演資料]

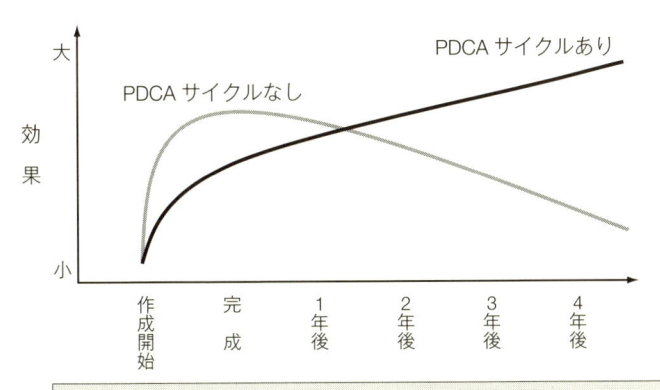

初年度は，目標値を小さくすると BCMS の構築がスムーズになる

図 4.4 PDCA サイクルの有無

表 4.3 巨大な自然災害及び人為災害

発生年月	出来事
1995 年 1 月	阪神淡路大震災
2001 年 9 月	米国同時多発テロ
2002 年 8 月	欧州の大洪水
2003 年 8 月	北米大停電
2004 年 12 月	スマトラ島沖地震
2005 年 7 月	ロンドン同時爆発事件
2005 年 8 月	ハリケーンカトリーナ
2007 年 7 月	新潟県中越沖地震
2008 年 3 〜 10 月	新型インフルエンザ（A 型 H1N1）
2008 年 5 月	四川大地震
2011 年 3 月	東日本大震災
2011 年 3 月	福島第一原発事故
2011 年 10 〜 12 月	バンコク大洪水
2013 年 6 月	欧州中央部の大洪水

常に"組織間の理解"というステップが含まれることから，どの組織が中心となって手がけるにせよ，構築する際には手間がかかる．

しかし，日本，インドネシア，台湾，中国，インド，ニュージーランドなどで発生が相次ぎ，これからも発生が懸念されている巨大な災害などに対して，特に欧州のように国境が街中にある地域では，B 群の規格は必要であり，これらを避けた緊急事態対策，継続（代替）対策，復旧・復興対策，予防対策はあり得ない．また，個別組織の災害対策である A 群の上位に B 群を位置付けなければ，広域災害時の人的被害と社会インフラの被害を最小化することはできないだろう．

なお，TC 223 で直接取り上げてはいないものの，既に米国，英国，オーストラリア，ドイツ，カナダで使用され，本書の説明でも触れている ICS の要素は，これらの規格に反映されている．

4.2.1 組織間の理解

組織間の理解を進めるためには，使用する用語と定義の共通化，並びに緊急時における組織構造の共通化が必要になる．用語と定義については，ISO 22300 "社会セキュリティ―用語" がカバーしているが，用語の数がまだ少ないことから，今後も多くの用語を検討し，共通化していく必要がある．

緊急時における国際的に共通な組織構造は，前述の ICS における構造（図 4.5）が中心となるが，日本では既に自衛隊及び海上保安庁は採用しており，ICS 化が遅れているのが都道府県及び市町村の緊急事態対策本部並びに民間組織である．

緊急時における組織構造が共通化されていると組織間の理解が容易になるため，現場における組織間の連携はスムーズになるが，構造が共通化されてないと現場での組織間の理解に時間がかかり，その分連携作業が遅れることになる．

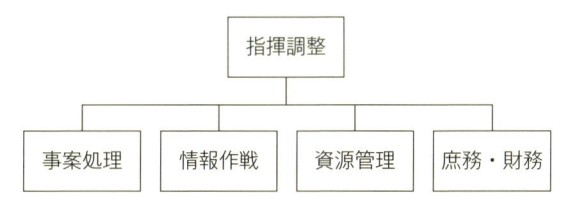

図 4.5 現場指揮システム（ICS）の構造（簡略版）

4.2.2 警報システムと色コードによる警報

ISO 22322 "社会セキュリティ―緊急事態管理―警報システム" は警報システムの共通化，ISO 22324 "社会セキュリティ―緊急事態管理―色コードによる警報" は色コードによる警報（ハザードマップ表示）の共通化を目指し，規格開発が進んでいる（2014年3月現在いずれも DIS 段階，ISO における規格開発手順は巻末の付録参照）．この背景には，現在は国・地域・業界・組織で異なる警報・ハザードマップ表示が使われており，広域災害が発生した場合は誤解による混乱の発生が懸念されていることがある．

これらの共通化は，欧州では切実な問題であるが，2020年の東京オリンピ

ック・パラリンピック開催を控え，海外からの観光客が増加すると予測される日本も，両規格が発行された際は速やかに導入する必要がある．もしも広域災害が発生した場合に，警報・ハザードマップ表示が安全を提供するものでなく，混乱を提供するものであるとしたら，それは人災と考えられかねない．

ISO 22322 の基本的な考え方は図 4.6 のとおりである．図中にあるリスクの監視機能は，日本では気象庁の活動が有名であり，国際的には火山活動・山火事・洪水などでは NASA（米国航空宇宙局）の地球天文台（Earth Observatory），地震・津波関係では NOAA（米国海洋大気庁）の太平洋津波警報センター（PTWC）の活動がよく知られている．

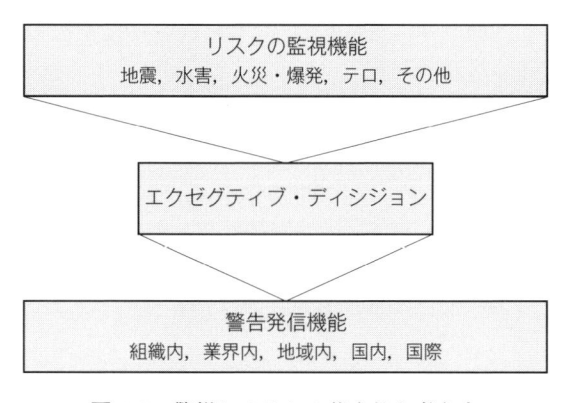

```
┌──────────────────────────────┐
│      リスクの監視機能         │
│ 地震，水害，火災・爆発，テロ，その他 │
└──────────────────────────────┘
            │
            ▼
   ┌──────────────────┐
   │ エクゼグティブ・ディシジョン │
   └──────────────────┘
            │
            ▼
┌──────────────────────────────┐
│       警告発信機能           │
│ 組織内，業界内，地域内，国内，国際 │
└──────────────────────────────┘
```

図 4.6 警報システムの基本的な考え方

次に，リスクの監視機能で得られた情報と国及び地域の現状を照らしあわせ，有効な警報を検討し，実際に発令することになるが，この一連の行為を ISO 22322 では"エグゼクティブ・ディシジョン"と呼んでいる．

リスクの監視機能は自然科学的手法が中心であり国内及び国際的な共通化も進んでいるが，エグゼクティブ・ディシジョンはリスクの監視機能で得られた情報に，災害等で被害を受ける可能性がある国・地域，組織の人口密度と構成，産業構造，防災・防犯設備（ハード面），防災・防犯体制（ソフト面）などを科学的に評価して，警報を発するための基準を設定することが求められるため，国内及び国際的な共通化はリスクの監視機能より遅れている．

4.2.3 緊急事態管理能力評価の指針

ISO 22325 "社会セキュリティ―緊急事態管理―緊急事態管理能力評価の指針"は，BCMS のパフォーマンス評価と組織間連携をする際の各組織の力量把握の両方への活用が期待されるもので，2016 年の発行を目指して規格開発が進められている［2014 年 3 月現在 CD（委員会原案）段階］．

この規格は，組織の緊急事態管理能力を，"全く管理能力がない"というレベル 0 から "素晴らしい管理能力がある" とするレベル 4 までに総合的に評価するもので，次の①から⑪に示す各項目をそれぞれ 4 段階評価（レベル 1～4）した後に判定することになる．

① リーダーシップと力量
② 経営資源（要員，設備，ツール，技術，装置及び予算を含む）
③ 資源管理力
④ 情報とコミュニケーション力
⑤ リスク分析力
⑥ リスク管理力
⑦ 指揮統制力
⑧ 連携と協力
⑨ 計画力
⑩ 演習力
⑪ 危険源の軽減力

興味深い規格である分，規格開発段階での検討時間を必要とするが，周辺の規格が揃いつつある現在，利用者に求められている規格といえるだろう．

4.2.4 情報交換用のメッセージ構造

ISO/TR 22351 "社会セキュリティ―緊急事態管理―情報交換用のメッセージ構造"は，欧州標準化委員会が 2009 年 3 月に戦況オブジェクト（Tactical Situation Object：TSO）として公表した文書をベースとして作成が進められている技術報告書（Technical Report：TR）で，緊急事態管理共有情報

(Emergency Management Shared Information：EMSI) と呼ばれている．

まだ検討中の段階ながら，対象となっているインシデントは，国境に近い場所での火災や交通事故，その他の災害や事故・事件であり，欧州内外の巨大災害・事故・事件にも拡張が可能なメッセージ仕様になっている．想定されている組織は，警察・消防・救急・道路管理などの組織であり，次の項目について定義される方向である．

① バージョン情報
② メッセージの定義
③ メッセージの作成元及び作成日時
④ 作成組織のレベル，緊急性及び機密性
⑤ 外部へのリンク
⑥ インシデントの状況
⑦ 発生した場所及び地図情報
⑧ 確認された被害状況及び将来の被害予測
⑨ 各組織で使用可能なリソース
⑩ 使用中のリソース
⑪ リソースの能力及びポジション
⑫ 実行中のミッション
⑬ 予定されているミッション

なお，EMSI を日本で適用する場合の課題として，既存システムとの連携システムの開発や，組織間の利用ルールの検討の必要性などが指摘されている．

4.2.5　ISO 223xx ファミリーが目指すもの

本節で理解いただきたいのは，一連の ISO 223xx ファミリー規格は災害を防ぐ"防災"でなく，災害の被害を減少させる"減災"を目指していること，その減災効果を改善するためには，組織単独の緊急事態対応能力を改善するとともに，組織間の連携作業を容易にすることが必要であり，そのためには組織間の情報共有とコミュニケーション及び相互運用性の確保が必要になる．図

4.2 ISO 223xx ファミリーの中の ISO 22320 の位置付け　　161

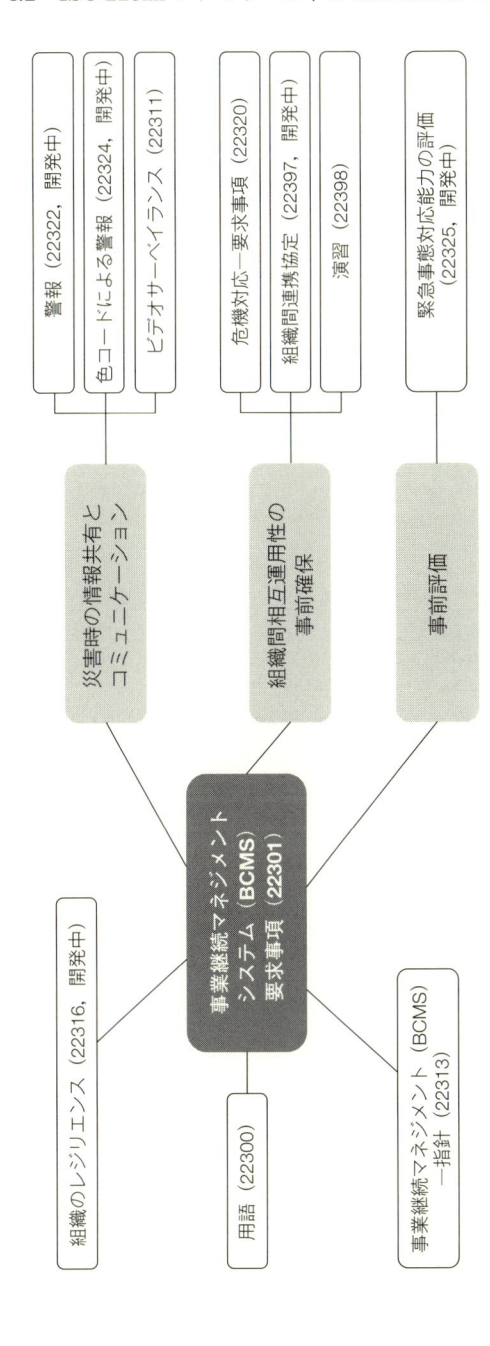

図 4.7 ISO 223xx ファミリーの主な規格（開発中を含む）の関係
［渡辺研司 (2013)："JIS Q 22301, JIS Q 22320 要点解説説明会"講演資料を一部改変］

4.7 は，次の 3 点から主な ISO 223xx ファミリーの規格（開発中を含む）の関係を示したものである．

- 災害時の情報共有とコミュニケーション（Disaster information sharing & communications）
- 組織間相互運用性の事前確保（Interoperability）
- 緊急事態対応能力の事前評価（Capability & Competency Assessment）

なお，まだ規格の具体的な審議には至っていないため表 4.2 や図 4.7 には含まれていないが，2014 年 2 月現在，事業影響度分析（business impact analysis：BIA）の具体的手法のガイド，サプライチェーンにおける事業継続マネジメントの指針なども TC 223 に提案されている．

4.3　おわりに

ISO 22320 は，危機事態が発生してからの危機対応の要求事項を定めたものであり，序文にあるように"関係各組織が連携しつつ，それぞれの業務遂行を最も効率的に行うことを可能にするための最小限の要求事項"である．いうまでもないが，これらの要求事項を満たすことのみによって緊急時に円滑に危機対応を行うことができるわけではない．危機対応の実効性を上げるためには，ISO 22301 に定められているような網羅的な事前準備を通じて平常時から"基礎力"を養うこと，加えて様々な危機事態に柔軟に対処できるだけの"応用力"を涵養しておくことが不可欠なのである．

ISO 22320 が真価を発揮するための"応用力"とは，あらゆるインシデントを想定したレジリエンスの高い施設・設備や通信機能，よく訓練された人材，危機対応に必要な機材，他組織との事前協定など目に見える備えはもちろんのこと，それらを動員させる組織の行動力，リーダーシップ，リーダーと構成員間，組織間のリスペクトと信頼関係といったむしろ目に見えない要素が決定的な役割を担っていると認識するべきである．細かく木を見れば見るほど森全体の姿が見えなくなってしまうように，一つひとつの要求事項を満たすこと

4.3 おわりに

を目的化してしまうと組織の危機対応に欠かせない重要なものを見失いかねないのである．ISO 22320 は危機対応の要求事項規格でありながら，これらの不可視的な組織の総合力，ひいては"応用力"を涵養するためのヒントが多数盛り込まれている．

例えば，ISO 22320 の箇条 4 "指揮・統制に関する要求事項"には，複数の組織間，又は単一組織内の複数部署が危機対応に関与する場合，"関与する組織間又は部署間で，全体的な活動目標について合意することが望ましい"，"業務上の意思決定は，可能な限り低い階層で行うことを許可し，連携及び支援は必要とされる中で最も高い階層から提供することを許容する体制及びプロセスを構築することが望ましい"（いずれも 4.1）とある．東京電力ほどの大規模な企業でなくても，組織にとって危機事態に直面する現場と後方支援にあたる本社緊急対策本部など指揮・統制システムが複数存在する事態は決して珍しいことではない．複数の指揮・統制システムが絡み合う場合にそれを効率的に機能させるためには，後方支援にあたる部署間でも現場の危機感や切迫感を共有できる程度のリスク感性やリスク認知の事前形成は大前提であるといえる．

また，現場では手が回らない周辺情報収集や全体的な目標設定，他機関との調整，適切な支援の提供などを実現させるためには，それぞれの指揮・統制システムが自らの責務，役割，能力及び限界を認識し，それを相互に理解しておく必要がある．そもそもリーダーや組織構成員にこうした認識がなければ，せっかくの事前準備も手順も実効性が半減してしまう．ISO 22320 では，"危機対応に関与する全ての人は，全体の業務体制のどこに自らが位置付けられるかを常に理解しなければならず（以下略）"（4.3），"複数の階層構造をもつ指揮・統制体制では，連携及び協力の原則がより強く関係する"（図 1 注記）と規定されている．

さらに，危機対応時には組織構成員間・部署間・組織間の意見相違や対立が起こりがちであるが，それを解消する労力や時間のロスをできるだけ低減するためには，指揮・統制を担うリーダーと構成員，異なる組織の指揮・統制システム間の相互理解，互いの役割と能力を尊重する気持ち，強固な信頼関係が不

可欠であろう．ISO 22320 では，こうした信頼関係を構築・強化するために十分な情報共有が必要であることや，関係する組織が他の組織を評価しなければならないこと，最も高い階層の指揮・統制システムによる調整の必要性などを定めている．

　このように，ISO 22320 は危機対応の要求事項を無機的に列挙しているだけではなく，緊急時の人間心理やリスク心理，グループ・ダイナミズムにも深い配慮がなされたうえで構築されており，要求事項を順守するために様々な取組みを行う中で，組織全体の危機意識の向上や適正なリスク認知の形成，関係者間の相互理解と信頼関係の構築・強化など危機対応に必要な内的・質的な変化をも促進するものであるということができる．規格への準拠を自己目的化するだけでは，せっかく組織が投下する時間や資源を十分に活用したことにはならない．本規格の導入に際しては規格を貫く"応用力"涵養の理念を十分に理解し，組織の真の危機対応力向上のために，関係部署・関係他組織をも巻き込んで平常時から最大限に活用すべきである．

コラム　危機対応に欠かせない資源管理

　東日本大震災で工場が重大な被害を受けたある企業の方から，示唆に富む話を聞いたので，ここで紹介したい．

　この企業は津波被害こそ免れたものの，地震によって建物や設備に重大な被害を受けた．関係者の懸命の努力によって復旧を遂げたが，その際に特に大変だったのが"アゴ・アシ・マクラ"の確保であったという．"アゴ（顎）"は食糧，"アシ（足）"は移動手段，"マクラ（枕）"は寝る場所を指す．これらを確保できなければ復旧作業もままならなかったということである．

　工場では多くの建物や設備が被害を受けたことから，自工場の従業員だけでなく，自社の他工場からの応援要員，建設会社や設備メーカーの技術者など，多くの人員が復旧作業にあたった．しかし工場内の食堂は使えないほか，近隣の飲食店や弁当業者なども被災して軒並み休業していたため，離れた地域まで手を広げて，普段取引のない弁当業者を探し，弁当を手配しなければならなくなった．

　また，被災した工場に行くには自動車を使うしかない．従業員はもとより，外部からの復旧要員に対しても，宿泊場所と工場との間の移動手段として，バスのチャーターなどが必要になった．さらに外部からの復旧要員のための宿泊場所の確保についても，この工場の近隣にはもともとホテルなどの宿泊施設が少ないうえ，これらも同様に地震被害によって平常時のようなサービスを提供できない状況にあったため，大変困難であった．

　このように危機対応においては，平常時に使用できる資源が期待できなくなり，なおかつ平常時を大幅に上回る資源が必要になるため，後方支援の中でも特に資源管理が欠かせない．軍事用語では"兵站"というが，本文にも登場したICSの中でも重要な機能として位置付けられている．自衛隊や海上保安庁のような組織は，前述のアゴ・アシ・マクラに加えて，トイレから通信機能に至るまで，作戦行動に必要な資源を自組織内で賄えるように準備しているので，被災地や戦場にも自力で活動を展開できるのである．

　一般企業が自衛隊や海上保安庁並みの資源管理に取り組むのは現実的ではない．しかしながら，大規模災害においては長期戦を強いられることを考えると，冒頭の"アゴ，アシ，マクラ"は一般企業でも検討しておくべき重要事項である．自社の緊急対応及び事業継続のために最低限必要な資源を厳選し，抜かりなく準備，維持管理しておくことをお勧めしたい．

（黄野　吉博）

コラム 新宿駅西口地域における地域連携による災害対応

　日本を代表する業務市街地の一つである新宿駅西口地域では，2007年度より本格的に事業者の連携による地域防災への取組みが行われており，筆者も地域の事業所従業員として幹事会に加わっている．この取組みは，当初は大規模地震発生時に新宿駅周辺で発生する帰宅困難者を誘導するための，事業者間及び行政機関等での情報共有の取組みとして始まった．その後，地域の事業者の災害対応及び業務継続の支援という視点から，帰宅困難者対応以外にも連携の範囲を広げ，現在では業務市街地で発生した傷病者への対応や事業継続可能な環境の確保の取組み，同様の取組みを行っている他の地域との広域連携等などが加わり，毎年一度訓練が実施されている[*]．

　ISO 22320においても，複数組織における協力・連携で最も重要な事項は情報共有であるとされている．新宿駅西口地域の取組みにおいては，災害時に西口現地本部が設置され，関係者間の情報共有環境として機能するとともに，先に挙げた諸活動にかかわる諸調整を行うこととなっている．

　しかし，現状の新宿駅西口現地本部の活動においても課題は多い，例えば現地本部で共有するべき情報，各組織が情報共有を行うメリット，そもそも実際の災害時にいつ，誰が運営要員として来るのか等の基礎的な事項についても，訓練時には一定の設定で検証はされているが，地域の事業者に十分に浸透しているとはいえない．

　ISO 22320は各組織における危機対応の基本的な考え方を示すとともに，複数の組織が共通の大きな目的をもって協力することと，複数の組織が同期をとって活動することで連携が生まれることを示している．本規格の発行を契機に，その考え方が行政や事業者に広く浸透し，新宿駅西口地域における取組みの重要性が見直され，諸課題を関係組織が連携して解決する新たなステップに進み，地域の災害対応の実効性がより向上することを期待したい．　　　　　　（新藤　淳）

---

[*] 工学院大学ほか(2013)：平成24年度新宿駅西口地域地震防災訓練報告書，工学院大学

付録　ISO 規格開発手順

段階	IS 開発の手順　[　]は登録期限(Limit date)を示す	IS 以外の発行物
予備段階	**PWI 登録〜** 投票 P メンバー **1/2** 以上の賛成で登録 （必要な場合のみこの段階を経る） ⇒ PWI の NP 提案への合意	

↓ WG での予備検討終了

提案段階	**NP の提案⇒ NP の承認**	**TR の発行** 承認条件: 投票 P メンバーの 1/2 以上の賛成 (NP は必要ない)

承認条件：投票 P メンバーの 1/2 以上の賛成，かつ，投票 P メンバーの 5 か国からのエキスパート指名
↓

作成段階	**NP 登録[起点(10.99)]** ⇒ WD の CD としての登録を承認	**PAS の発行** 承認条件: 投票 P メンバーの 1/2 以上の賛成

承認条件：WG のコンセンサス
↓

委員会段階	**CD の登録[12 か月]** ⇒ CD の DIS としての登録を承認	**TS の発行** 承認条件: 投票 P メンバーの 2/3 以上の賛成

承認条件：TC/SC の P メンバーのコンセンサス，又は投票 P メンバーの 2/3 以上の賛成
↓

照会段階	**DIS の登録[18 か月]** ⇒ DIS の FDIS としての登録を承認	

承認条件：投票 P メンバーの 2/3 以上の賛成，かつ，反対が投票総数の 1/4 以下
↓

承認段階	**FDIS の登録[30 か月]** ⇒ **IS 発行の承認**	

承認条件：投票 P メンバーの 2/3 以上の賛成，かつ，反対が投票総数の 1/4 以下
↓

発行段階	**IS の発行[36 か月]**	

見直し段階	**IS の定期見直し（Systematic Review）** [発行後 3 年目，その後 5 年ごと] ⇒ IS 存続の確認，修正／改訂，廃止	

CD	委員会原案
DIS	国際規格案
FDIS	最終国際規格案
IS	国際規格
NP	新業務項目提案
PAS	公開仕様書
PWI	予備業務項目
SC	分科委員会
TC	専門委員会
TR	技術報告書
TS	技術仕様書
WD	作業原案
WG	作業グループ

[日本規格協会(2013)：ISO 事業概要 2013 を基に作成]

引用・参考文献

1) National Fire Protection Association(2012)：NFPA 1600 Standard on Disaster/Emergency Management and Business Continuity Program 2013 Edition
2) Federal Emergency Management Agency(2012)：FEMA Incident Action Planning Guide
3) 京大・NTT リジリエンス共同研究グループ(2012)：しなやかな社会への試練, 日経 BP コンサルティング
4) 吉村晶子ほか(2011)：日本で運用可能な US&R 訓練施設の設計資料集成の作成検討, 地域安全学会梗概集 No.28
5) 東京電力福島原子力発電所事故調査委員会(2012)：国会事故調報告書, 徳間書店
6) 門田隆将(2012)：死の淵を見た男　吉田昌郎と福島第一原発の 500 日, PHP 研究所
7) 畑村洋太郎, 安部誠治, 淵上正朗(2013)：福島原発事故はなぜ起こったか　政府事故調核心解説, 講談社
8) 東京電力福島原子力発電所における事故調査・検証委員会(2012)：政府事故調　中間・最終報告書, メディアランド
9) 一般財団法人日本再建イニシアティブ(2012)：福島原発事故独立検証委員会調査・検証報告書, ディスカヴァー・トゥエンティワン
10) 東京電力(2012)：福島原子力事故調査報告書
    http://www.tepco.co.jp/nu/fukushima-np/interim/index-j.html
11) 日隅一雄, 木野龍逸(2012)：検証　福島原発事故記者会見　東電・政府は何を隠したのか, 岩波書店
12) 小澤祥司(2012)：飯舘村　6000 人が美しい村を追われた, 七つ森書館

索　引

A

AAR　126

B

BC　88, 155
BCM　154
BCMS　128, 154
BCP　154
business continuity　33

C

command and control　32
　── system　43
cooperation and coordination　32

D

DG　139

H

HAZMAT　60
human factor　58

I

ICS　48, 52, 156
Incident Command System　48
ISO　27, 167
ISO 22300　153, 157
ISO 22301　28, 109, 152, 153

ISO 22320 とは　28
ISO 22322　103, 152, 153, 157, 158
ISO 22324　103, 152, 153, 157
ISO 22325　152, 153, 159
ISO/TC 223　27, 151

N

National Risk Register　105
NFPA 1600　105

O

operational information　31, 62

P

PDCA サイクル　109
planning P　96

T

TC　27, 167

あ

安全・衛生　58

え

エスカレーション　51
エリアコマンド　92

お

オフサイトセンター　144
オペレーション計画　114, 117

か

カウンターパート方式　86
顔の見える関係　97
活動調整力　123
活動情報　31, 62
　——提供プロセス　62
　——提供プロセスの評価基準　74
活動目的　64
活動目標　41
関西広域連合　86
完全性　80

き

危機管理計画の文書化　119
危機管理上向上すべき能力　121
危機管理部局が果たすべき役割　19
危機対応システム　48
危機対応と危機管理の違い　22
危機対応の一元性　26
危機対応の特徴　13
危機とは　23

危機の五つのレベル　30
危機レベル　49
危険物処理　60
協働　83
業務の標準化　21
協力　22, 85, 89
　——協定　85
緊急対策本部　57

く

繰り返し起こる課題と新しい課題　117
訓練の目的　125

け

計画活動の同期　79
計画策定及び指示　66
計画立案能力　123

こ

国民保護法　88
国会東京電力福島原子力発電所事故調査委員会　135

さ

災害対策基本法　88
災害対策本部　57
サプライチェーン　98

し

指揮・統制　41
　——システム　43
　——体制　44

──プロセス　44
事業継続　88
指揮レベル　50
資源　55
事態の不確実性　14
指定公共機関　88
指定地方公共機関　88
車輪の再発明　16
受援側　21
状況の流動性　14
情報源の信頼性評価　69
情報収集　67
情報の処理及び利用　68
情報の信ぴょう(憑)性の評価　69
情報の発信及び統合　72
情報の分析及び作成　71
情報発信・広報力　123
人為的ミス　61
新型インフルエンザ等対策特別措置法　88
人的要因　57

せ

静的情報　63, 100
設計外力　25
全体的な見通し　78

そ

即応性　83
組織的な振り返り　126

た

対応戦略の構築　111

と

東京電力福島第一原子力発電所　136
動的情報　63, 100
トモダチ作戦　86

は

ハザード　23

ひ

東日本大震災　86
非常用電源　139
非常用炉心冷却装置　139
人・機械・システム間のインタフェース　58
評価及びフィードバック　73
品質　75

ふ

附属書B　75

ま

マネジメント計画　114
マネジメントシステム規格　29

ゆ

融合　84
優先順位付け　81
ユニファイドコマンド　92

よ

予測　82

り

リーダーシップの確立　20
リスク　24, 25
　　——の回避　112
　　——の緩和　112
　　——の受容　112
　　——の転嫁　112
　　——の評価　110
　　——への対応　112

れ

レジリエンス　22
連携　22, 85, 91
連携及び協力　80

世界に通じる危機対応
ISO 22320:2011（JIS Q 22320:2013）
社会セキュリティ―緊急事態管理―危機対応に関する要求事項　解説
定価：本体 3,200 円（税別）

2014 年 5 月 19 日　　第 1 版第 1 刷発行

編　　著　危機対応標準化研究会
　　　　　　編集委員長　林　春男

発 行 者　揖斐　敏夫

発 行 所　一般財団法人 日本規格協会
　　　　　〒108-0073　東京都港区三田 3 丁目 13-12　三田 MT ビル
　　　　　　　　　　　http://www.jsa.or.jp/
　　　　　　　　　　　振替　00160-2-195146

印 刷 所　日本ハイコム株式会社
製　　作　有限会社カイ編集舎

© Haruo Hayashi, et.al., 2014　　　　　　　　Printed in Japan
ISBN978-4-542-70174-8

● 当会発行図書，海外規格のお求めは，下記をご利用ください．
　営業サービスユニット：(03)4231-8550
　書店販売：(03)4231-8553　注文 FAX：(03)4231-8665
　JSA Web Store：http://www.webstore.jsa.or.jp/

図書のご案内

対訳 ISO 22301:2012
（JIS Q 22301:2013）
事業継続マネジメントの国際規格
＜ポケット版＞

日本規格協会　編
新書判・184ページ　　定価：本体 3,400 円（税別）

ISO 22301:2012
事業継続マネジメントシステム
要求事項の解説

中島一郎　編著
岡部紳一，渡辺研司，櫻井三穂子　著
A5 判・184 ページ　　定価：本体 3,200 円（税別）

【主要目次】
第 1 章 セキュリティ分野の国際標準化の現状
1.1 セキュリティ分野における国際標準
　1.1.1 セキュリティの対象の変化と活発化する国際標準化
　1.1.2 社会セキュリティ標準化の経緯
　1.1.3 重要性の認識では一致，国ごとで異なる事情
1.2 ISO/TC 223 での規格開発の現状と今後の動向
　1.2.1 TC 223 の活動再開と急増する参加国
　1.2.2 TC 223 の構成
　1.2.3 TC 223 で発行・開発中の規格
第 2 章 ISO 22301 規格開発の背景と経緯
2.1 事業継続マネジメントの重要化と国際標準化に求められるもの
　2.1.1 BCM の重要性に対する認識の急激な高まりの背景
　2.1.2 BCM の対象領域の拡大と標準化の必要性
　2.1.3 国際標準化の必要性と求められるもの
　2.1.4 今後の動向

2.2 規格開発の経緯
　2.2.1 規格開発の背景
　2.2.2 作業原案及び委員会原案の開発
　2.2.3 国際規格原案の開発
　2.2.4 最終国際規格案の開発から国際規格発行まで
　2.2.5 ISO 22301 の関連規格
　2.2.6 国内審議
2.3 ISO 22301 の特徴と導入にあたって知っておくべきこと
　2.3.1 ISO 22301 の特徴
　2.3.2 ISO 22301 と既存の主要な規格・ガイドラインとの違い
第 3 章 ISO 22301 の解説
第 4 章 ISO 22301 導入にあたっての Q&A

付録 1 ,ISO 規格開発手順
付録 2 ISO におけるマネジメントシステム規格の整合化のための共通要素

JSA 日本規格協会　http://www.webstore.jsa.or.jp/